W0046155

BARCELONA

CITY GUIDE

BARCELONA

CITY GUIDE

Text und Redaktion
MARIANNE VON WALDENFELS

CALLWEY

Beste Aussichten: Blick über
Barcelona bis zum Mittelmeer

BARCELONA

Gaudí, grandiose Architektur, sonnige Strände und lässiges Beachlife: Barcelona ist weltberühmt für seine Meisterwerke des Modernisme, der Anfang des 20. Jahrhunderts unter der Regie von Antoni Gaudí, Lluís Domènech i Montaner und Josep Puig i Cadafalch entstanden, wie die Sagrada Familia (S. 63), eines der Wahrzeichen der katalanischen Hauptstadt, der Park Güell (S. 72) oder die Casa Batlló (S. 56). Ebenso berühmt sind architektonische Schätze wie die Drassanes, die mittelalterlichen Werften, in denen heute das Museu Marítim (S. 10) untergebracht ist. Oder die mächtige Basílica de Santa Maria del Mar (S. 40). Die Stadt am Meer mit ihrem kilometerlangen Badestrand, an dem vor allem am Wochenende gerne flaniert, gejoggt, geradelt oder geskatet wird, steht für einen genialen Mix aus Traditionen und Trends. Für viele ist Barcelona eine der fröhlichsten Städte der Welt. Und auch kulinarisch ist Barcelona weit vorne! Großartige Küche von Stars am Herd wie Albert Adrià, die die katalanische Kochkunst mit innovativen Techniken auf ein spektakuläres Niveau gehoben haben! Die klassischen Sehenswürdigkeiten lassen sich in jedem Reiseführer nachlesen und natürlich kommen sie auch in unserem Buch vor – aber nur am Rande. Denn sie sind nur ein kleiner Ausschnitt von dem, was Barcelona so besonders macht. Wir wollen Ihnen die Stadt etwas abseits der ausgetretenen Pfade zeigen. Plätze, die man ohne Hilfe von Insidern kaum findet. Und haben deswegen Menschen gefragt, die in Barcelona leben und die Stadt lieben. Wie eben jenen **Albert Adrià** (S. 18), der früher mit seinem Bruder Ferran das berühmteste Restaurant der Welt, das El Bulli, führte. Er erzählt uns zum Beispiel, welche Tapasbars man auf gar keinen Fall verpassen darf! Oder **Christian Schallert** (S. 94), ein Österreicher, der vor ein paar Jahren das super-hippe Hotel Brummell (S. 106) eröffnet hat. Er verrät seine Lieblingsplätze fürs Dinner und für den Drink danach. **Naima,** (S. 50) eine der wichtigsten Influencerinnen in Barcelona, berichtet von ihren Essens-Hotspots, Lieblingsshops und Chillout-Places. Und Vegan-Queen **Lucy Cheyney** (S. 66) schwärmt von kleinen lokalen Designern und gesunden Lokalen. Acht Persönlichkeiten sprechen ausführlich von den Orten, die diese Stadt für sie so einzigartig machen: Restaurants, einzigartige Museen, traditionelle Tapasbars, liebevoll kuratierte Boutiquen und originelle Hotels. Wir haben diesen Reiseführer in Viertel aufgeteilt, denn jedes Viertel hat seinen ganz eigenen Charakter – von Gaudís Pracht im Eixample über Poble Sec und Sant Antoni, Epizentren der Szene und der jungen Kreativen, über das mittelalterliche Barri Gòtic mit seinen kopfsteingepflasterten Gassen bis zum dörflich wirkenden Viertel Gràcia mit seinen malerischen Plätzen! Lassen Sie sich inspirieren und planen Sie Ihre Reise in aller Ruhe. Viel Spaß im lebenslustigen Barcelona!

Berauschend: Der Blick
vom Infinity-Pool
des Grand Hotel Central

FACTS

VOM FLUGHAFEN IN DIE STADT

Die meisten Passagiere kommen am Airport El Prat an. Er liegt etwa 18 Kilometer südwestlich der Plaça Catalunya. Der A1 Aerobús (*aerobusbcn. com*) fährt von 6 Uhr morgens bis nachts um 1 Uhr alle 5 bis 10 Minuten vom Terminal 1 zur Plaça Catalunya. Dauer: zwischen 30 und 40 Minuten. Der A2 Aerobús fährt vom Terminal 2 aus zwischen 6 Uhr morgens und nachts um 1 Uhr die identische Strecke. Einfache Fahrt: etwa 6 €. Per Taxi ins Stadtzentrum dauert es etwa 30 Minuten, je nach Verkehr. Preis: etwa 25 €.

UNTERWEGS IN BARCELONA

Gut zu wissen: Barcelona hat ein sehr gut ausgebautes Metronetz. Mit den neun verschiedenen U-Bahn-Linien erreichen Sie beinahe jede Sehenswürdigkeit, die Sie besichtigen möchten. Tipp: Kaufen Sie sich auf jeden Fall ein Hop-on-Hop-off-Tagesbusticket (ca. 30 €), das Sie bequem zu allen Sehenswürdigkeiten bringt. Die offiziellen Taxis erkennen Sie in der Stadt an der gelb-schwarzen Farbe!

BESONDERE TOUREN

Per Fahrrad durch die Stadt? **Barcelona by Bike** (*barcelonabybike.com*) bietet diverse Radtouren durch die Stadt an, unter anderem eine empfehlenswerte Tapas-Tour und eine Nacht-Tour. Sie möchten die köstlichsten Tapas der Stadt probieren? **Devour Barcelona** (*devour barcelonafoodtours.com*) organisiert Tapas- und Weinprobentouren quer durch die Stadt. Lust auf einen Literaturrundgang auf den Spuren von Carlos Ruiz Zafóns Bestseller »Der Schatten des Windes«? Dann informieren Sie sich bei **Barcelona Dragon Tours** über Termine (auch auf Deutsch, *barcelonadragontours.com*). Hier wird auch eine tolle Tour mit Kindern angeboten. Wer sich für Street Art und Grafitti interessiert – bei **Barcelona Streetstyle Tour** (*barcelona-streetstyletour.com*) werden großartige Rundgänge angeboten, die teilweise sogar kostenlos sind.

DINGE, DIE SIE IN BARCELONA UNBEDINGT VERMEIDEN SOLLTEN

Auf der überfüllten La Rambla essen (schon gar keine Paella!) und dort eimerweise schlechten Sangria trinken. Dort gibt es nur miese Touristenfallen!

Die Eintrittskarten zu den wichtigsten Sehenswürdigkeiten wie zum Park Güell und zur Sagrada Familia erst vor Ort besorgen – stundenlanges Schlangestehen ist hier programmiert! Bitte alle Tickets vorher online kaufen!

Vor Mitternacht in einen Club gehen – es sei denn, Sie wollen zur Abwechslung mal alleine auf der Tanzfläche stehen. Richtig gefeiert wird hier erst ab 1 Uhr morgens.

Das Stadtbild von Barcelona ist geprägt von außergewöhnlicher Architektur aus über 2000 Jahren Geschichte

Tierisches Vergnügen:
ein Besuch im L'Aquàrium

BARCELONA MIT KINDERN

Gaudí, Strand, Skater und Ramblas. Und meistens scheint die Sonne. Nach Barcelona lässt es sich mit Kindern ganz wunderbar reisen, und zwar nicht nur, weil mit dem Strand eine Art Riesen-Sandkasten quasi mitten in der Stadt liegt, sondern auch, weil die Menschen hier wahnsinnig kinderfreundlich sind und für die Kids auch einiges geboten wird. Zum Beispiel der herrlich altmodische Tibidabo Vergnügungspark, das Schifffahrtsmuseums und das größte Aquarium Europas.

IM MUSEUM

Das **Museu Marítim** (*mmb.cat*) ist ein echter Hit! Das Herzstück der Sammlung des Schifffahrtsmuseums von Barcelona ist das 60 Meter lange Schiff »Real«. Hierfür wurde das Flaggschiff von Don Juan de Austria in Originalgröße nachgebaut, das bei der legendären Seeschlacht von Lepanto im Jahre 1571 zum Einsatz kam. Neben den großen Schiffsmodellen können Sie hier auch mit viel Liebe zum Detail kreierte Buddelschiffe (Schiffsmodelle in der Glasflasche) bewundern. Dazu Galionsfiguren, nautische Instrumente und Portolane aus dem Mittelalter. Auch lustig: ein Besuch des **Museu de la Xocolata** (*museuxocolata.cat*), des Schokoladenmuseums, im Barri Gòtic. Alles über die Geschichte und Herstellung unserer Lieblings-Süßigkeit – und als Schmankerl: die Sagrada Familia, Asterix und Obelix und sogar Messi in Schokoform!

TIERISCHES VERGNÜGEN

Im **L'Aquàrium** (*aquarium bcn.com*) mit über 35

Wasserbecken wurden verschiedenste maritime Lebensräume nachgebildet. Highlight: der 80 Meter lange gläserne Haitunnel. Insgesamt treffen Sie hier auf über 11000 Meerestiere aus 450 Gattungen. In der interaktiven Zone Planeta Aqua lebt auch eine Pinguin-Familie. Informieren Sie sich vorher, wann die Tierfütterungszeiten sind! Um Warteschlangen zu vermeiden: unbedingt Online-Tickets kaufen.

AUFREGENDER AUSFLUG

Viel Spaß im **Tibidabo Vergnügungspark!** (*tibidabo.cat*)! Der etwa 520 Meter hohe Tibidabo ist der höchste Berg der Collserola-Bergkette und schirmt die Stadt vor dem Wetter des Hinterlandes ab. Der Ausblick von hier oben ist gigantisch – an klaren Tagen sehen Sie bis Montserrat. Highlight: der 1901 eröffnete Vergnügungspark, der zweitälteste in Europa. Die Fahrgeschäfte sind in der Regel altmodisch und charmant wie das Spiegelkabinett oder das Retro-Riesenrad mit den bunten Gondeln. Erwarten Sie also nicht so viel Nervenkitzel … Es lohnt sich auch, einen kleinen Ausflug auf die Aussichtsplattform

des Fernsehturms Torre de Collserola zu unternehmen. Er wurde unter der Leitung von Sir Norman Foster für die Olympischen Spiele 1992 gebaut. Wie man am besten zum Tibidabo kommt? Seit der Stilllegung der Straßenbahnen von Barcelona in den 70er-Jahren tuckert nur noch eine Linie durch die Stadt. Und zwar die Tram 10, ein hundert Jahre altes blaues Bähnchen, das seit 1901 die Avinguda del Tibidabo entlang bis zum Fuß der Tibidabo-Bergbahn fährt. Nehmen Sie die auf jeden Fall, auch wegen der prachtvollen Modernisme-Gebäude an der Avinguda del Tibidabo.

AUF DEM WASSER

Lust auf einen Schnellkurs im Stand-up-Paddling? Das **Moloka'i SUP Center** (*molokaisup center.com*) bietet sowohl für Anfänger als auch für Fortgeschrittene richtig coole Programme an. Sie können aber auch einfach nur ein Board mieten. Segeltour gefällig? Schippern Sie ganz gemütlich mit einem großen Segelkatamaran zum **Port Olímpic** und wieder zurück (*barcelonaorsom.com*). Alternativ-Unternehmen: **Las Golondrinas** (*lasgolondrinas.com*). Hier geht es zum Beispiel ebenfalls per Katamaran an den

Stränden entlang bis zum Forum und zurück.

IN DER LUFT

Die Hafenseilbahn Transbordador Aeri wurde für die Weltausstellung 1929 erbaut. Auch heute noch bietet sie ein lustiges Abenteuer für Groß und Klein. Die meisten steigen am Torre Sant Sebastià am Ende des Passeig Don Joan de Borbó ein, um sich übers Wasser auf den Montjuïc bringen zu lassen.

SHOPPING-ALARM

Himmlisch für kleine Schleckermäuler: Bei **Papabubble** im Barri Gòtic (*papabubble.com*) gibt's herrlich klebrige Lollis – und man kann sogar bei der Herstellung der Süßigkeiten zusehen. Für Fans von Tim und Struppi: **Im Tintin Shop** (*tintinshopbcn.com*) in Gràcia finden Sie alles, was Ihr Herz begehrt: T-Shirts, Uhren, Federmäppchen mit den Kultfiguren. Und natürlich alle Bücher! **El Rei de la Màgia** (*elreidelamagia.es*) ist ein wundervoller Laden für angehende Zauberer. Natürlich bekommt man auch einige Tricks empfohlen.

7

DINGE, DIE SIE IN BARCELONA TUN SOLLTEN

Ein Mini-Guide von Joan Manel Salamanca, Concierge im hippen Hotel Mercer (S. 32)

Lassen Sie sich durchs **Barri Gòtic** treiben, das ist meine Lieblingsgegend. Mit dem alten jüdischen Viertel, den römischen Ruinen und Ausgrabungen, der gotischen Kathedrale und den atemberaubenden Palästen – dies alles formt immer noch das Zentrum Barcelonas im 21. Jahrhundert. Es ist das Herz und die Seele der Stadt, mit kleinen Straßen, winzigen Plätzen und versteckten Legenden.

Besichtigen Sie auch die Arbeiten von Gaudí, die weniger bekannt sind. Wie die **Casa Vicens** (S. 80), das erste Gebäude des Architekten. Es stammt aus dem Jahr 1878, liegt in Gràcia und ist erst seit wenigen Jahren der Öffentlichkeit zugänglich.

Kaufen Sie in den kleinen Designerläden ein, die sich in den winzigen Gässchen in **El Born** niedergelassen haben.

Gehen Sie ins Schifffahrtsmuseum! Das **Museu Marítim** (S. 10) ist wirklich sehr interessant! Die Geschichte Barcelonas ist ja eng mit dem Meer und der Schifffahrt verbunden. Das Haus befindet sich in den ehemaligen königlichen Werften, ein echt beeindruckendes Gebäude, das zwischen dem 13. und dem 18. Jahrhundert für den Schiffsbau genutzt wurde.

Schlemmen Sie sich durch die Restaurants der Stadt! Wenn Sie auf der Suche nach einem echten Barcelona-Aperitif sind, probieren Sie das **El Xampanyet** aus (*elxampanyet.es*). Echte Sterneküche wird in vielen Lokalen serviert – wir mögen das **Tickets** von Albert Adrià (S. 18) besonders. Unser hauseigenes Restaurant empfehlen wir natürlich auch immer wieder gerne – hier zaubert unser Koch Xavier Lahuerta mediterrane Küche.

Checken Sie im **Mercer** ein – unserem wunderbaren 5-Sterne-Boutiquehotel mit nur 28 Zimmern. Wir setzen großen Wert auf sehr persönlichen Service und Exzellenz in allen Bereichen. Außerdem wollen wir Ihnen natürlich eine unvergessliche Zeit in Barcelona bieten!

Planen Sie den perfekten Barcelona-Tag: Genießen Sie frische Meeresfrüchte in einem der lässigen Restaurants im Viertel Barceloneta, shoppen Sie im Eixample, trinken Sie eine heiße Schokolade auf dem Carrer Petritxol, radeln Sie am Meer entlang und nehmen Sie abends ein paar Drinks in den angesagten Bars in El Born.

Joan Manel Salamanca

Ein Palast aus dem 17. Jahrhundert wurde unter der Regie des Star-Architekten Rafael Moneo in ein außergewöhnliches Luxushotel verwandelt – ins Hotel Mercer

WAS

MUSS ICH IN BARCELONA ERLEBEN, WAS NICHT IN JEDEM FÜHRER STEHT?

Ein Mini-Guide von Javier Nicolas, Concierge vom Cotton House Hotel (S. 65)

Ein perfekter Tag in Barcelona: Schlendern Sie über die Carrer d'Enric Granados, eine lange Fußgängerzone voller Boutiquen und Restaurants, in denen die Einheimischen nach der Arbeit gerne ein paar Drinks oder ein Abendessen genießen. Wenn Sie gerne draußen sind und Sport treiben, nehmen Sie die Standseilbahn bis zur Carretera de les Aigües und machen Sie eine Wanderung oder joggen Sie eine Runde. Dabei genießen Sie 360-Grad-Blicke über die Stadt. Unternehmen Sie einen Spaziergang durch das Viertel Sarrià im Nordwesten der Stadt. In dieser Wohngegend fühlt man sich wie in einem kleinen Städtchen mit vielen gemütlichen Plätzen, intimen Restaurants, lokalen Boutiquen und Parks, um Leute zu beobachten. Genießen Sie einen Aperitivo in Gràcia. Hier wohnen viele Studenten und Familien. An Sonntagen kann man hier wunderbar relaxen. Suchen Sie sich eine Restaurant-Terrasse an einem der vielen Plätze aus und lassen Sie die Zeit vergehen. Shoppen Sie im Viertel Sant Gervasi. Die besten Straßen dafür sind der Carrer de Santaló, Carrer de Calvet, Carrer d'Amigó und der Carrer de Laforja mit vielen lokalen Boutiquen, die spanische Marken führen, die Sie sonst nirgends finden.

Shoppen, shoppen, shoppen … **Cortana** (*cortana.es*) ist eine wunderschön gestaltete Boutique, die elegante und feminine Kleidung verkauft. **Santa Eulalia** (*santaeulalia.com*) ist eines der ältesten Modegeschäfte der Stadt. Es wurde 1843 gegründet und hat einige der renommiertesten Marken der Welt im Angebot. Bei **La Manual Alpargatera** (S. 29) sind Sie richtig, wenn Sie nach typischen Espadrilles suchen; dieses Geschäft im Herzen der Stadt gibt es seit 1940. **Azul Tierra** (*azultierra.es*) im Stadtteil Eixample ist ein Muss, wenn Sie auf der Suche nach Interiordesign sind. **Masscob** (*masscob.com*) ist ein weiterer schön eingerichteter Laden, der hochwertige Mode vertreibt. Und zuletzt unsere Lieblingsbuchhandlung **La Central** (*lacentral.com*): Hier können Sie lange Nachmittage beim Stöbern und beim Teetrinken auf der Terrasse im Innenhof zubringen.

Weniger bekannte Museen besuchen. Wie die **Fundació Antoni Tàpies** (*fundacio tapies.org*): Das Museum wurde vom berühmten katalanischen Künstler Antoni Tàpies im Jahr 1984 gegründet, und die Hauptidee hinter dem Projekt war es, einen Raum für Studium und Förderung zeitgenössischer Kunst zu schaffen. Es verfügt über eine der größten Sammlungen des Künstlers (gespendet von ihm und seiner Frau) und zeigt auch regelmäßig Wechselausstellungen. Verpassen Sie dort auf keinen Fall die einzigartige Bibliothek, die sich auf moderne Kunst spezialisiert hat, und den Teil des Museums, der der asiatischen Kunst gewidmet ist. Ein weiterer Tipp: der **Pavelló Mies van der Rohe** (S. 100). Der Barcelona-Pavillon, ein symbolisches

Werk der Moderne, wurde von Ludwig Mies van der Rohe und Lilly Reich entworfen, als deutscher Pavillon für die Weltausstellung auf dem Montjuïc im Jahr 1929. Und: das **CaixaForum Barcelona** (*caixaforum.es*): Diese Kunstgalerie befindet sich am Montjuïc und präsentiert temporäre Kunstausstellungen aller Art.

Schlemmen! Zum Beispiel in der **Bar Mut** (*barmut.com*). Dieses Lokal ist einer unserer Favoriten für hochwertige Tapas. Sie haben kein festes Menü, die Kellner fragen Sie nach Ihren Vorlieben und machen Ihnen ein paar Vorschläge ... ziemlich köstliche Vorschläge. Wenn Sie Abendessen in lebhafter Atmosphäre wünschen, ist das **Fismuler** (S. 43) eine gute Wahl. Sie setzen auf Basics mit mediterranem Twist. Außerdem: **Els Pescadors** (*elspescadors.com*): Ein traditionelles Restaurant, das es bereits seit 1980 gibt und das sich auf Meeresfrüchte spezialisiert hat.

Luxuriös übernachten. Das **Cotton House Hotel** (S. 65) ist ein Fünf-Sterne-Hotel für neugierig gebliebene Globetrotter, die die wahre Essenz von

Barcelona entdecken und erleben wollen. Im Herzen des Stadtteils Eixample gelegen, ist es sowohl nur ein paar Schritte entfernt von der vornehmsten Einkaufsgegend der Stadt als auch von den historischen Vierteln Barri Gòtic und El Born. Das Gebäude selbst stammt aus dem Jahr 1879, und das wunderschöne Design und die Inneneinrichtung müssen nicht nur Interieur-Liebhaber unbedingt gesehen haben.

Durch mein Lieblingsviertel bummeln. Eine der besten Möglichkeiten, Barcelona zu erleben, ist ein Spaziergang

durch den Stadtteil El Born. Mit seinen Kopfsteinpflasterstraßen und den engen Gassen hat diese Gegend viele Geheimnisse, die nur entdeckt werden können, wenn man sich dort verirrt.

Raus aus der Stadt! Die atemberaubende Region der Costa Brava mit ihren zahlreichen kleinen Dörfern und Städten an der Küste und im Landesinneren liegt nur anderthalb Stunden von Barcelona entfernt. Du findest versteckte Strände, felsige Küstenlinien, schöne Restaurants mit Blick auf das Meer und unabhängige, lokale Boutiquen aller Art.

Chef-Concierge
Javier Nicolas

EVENTS UND TERMINE

FEBRUAR
Fiestas de Santa Eulàlia: Großes Fest rund um den 12. Februar, das der Stadtpatronin gewidmet ist. Highlights: die beeindruckenden Umzüge mit tanzenden Riesen, Teufeln und Drachen.

MÄRZ
Barcelona-Marathon: Start und Ziel dieses Stadt-Marathons, der auch an vielen wunderbaren Sehenswürdigkeiten vorbeiführt, ist die Avinguda de la Reina Maria Cristina.

APRIL
Dia de Sant Jordi: Am 23. April wird Kataloniens Schutz-heiliger Sant Jordi gefeiert. An diesem Tag schenken die Männer ihren Ehefrauen Rosen und die Frauen ihren Ehemännern Bücher. Dafür werden in der ganzen Stadt Bücherstände aufgebaut.

MAI
Primavera Sound: Grandioses Open Air im Parc del Fòrum – eines der beliebtesten Musikfestivals der Welt, das die verschiedensten Genres abdeckt – von Indie bis Hip-Hop (*primaverasound.com*).

Ciutat Flamenco: Eines der größten und besten Flamenco-Events in Spanien, das die bedeutendsten Künstler im Programm hat (*ciutatflamenco.com*).

JUNI
Sant Joan: In der Nacht vom 23. auf den 24. Juni wird die Johannisnacht gefeiert! Im gesamten Stadtgebiet knallen Feuerwerkskörper, überall steigen Straßenfeste.

Sonar: Das International Festival of Advanced Music and Multimedia Arts ist eines der renommiertesten Festivals der Welt. Schwerpunkte sind elektronische Musik, multimediale Kunst und interaktive Installationen (*sonar.es*).

JULI
Cruïlla: Das Festival hat es geschafft, sich als eine der wichtigsten Musikveranstaltungen zu etablieren, die Acts heizen mit Reggae, Rock und Rap ein (*cruillabarcelona.com*).

SEPTEMBER
La Mercè: Jedes Jahr steigt am 24. September das fünftägige Fest zu Ehren der Stadtpatronin La Mercè mit Konzerten, Tanzaufführungen, den Castellers (menschlichen Türmen) und den Gigantes – der Parade der Riesen. Highlight: die berühmte Prozession Correfoc mit Feuer speienden Drachen bei Anbruch der Dämmerung (*bcn.cat/merce*).

NOVEMBER
Fira de Santa Llúcia: ältester Weihnachtsmarkt der Stadt - von Ende November an werden hier allerlei hübsche Dinge verkauft, unter anderem die beliebten Krippenfiguren Caganer (Scheißerchen) mit heruntergelassenen Hosen.

Beliebt wegen des alljährlichen tollen Line-ups: das Musikfestivak Cruïlla

ZUR EINSTIMMUNG: FILME, SERIEN UND BÜCHER, IN DENEN BARCELONA DIE HAUPTROLLE SPIELT

Javier Bardem und Scarlett Johansson in »Vicky Cristina Barcelona«

BÜCHER

Der Schatten des Windes von Carlos Ruiz Zafón. Grandioser Bestseller, der in der Nachkriegszeit in Barcelona spielt. Er erzählt vom Jungen Daniel Sempere, der auf ein ungewöhnliches Buch von einem unbekannten Autor stößt. Daniel verliebt sich in die Story und begibt sich auf die Suche nach weiteren Werken und der Geschichte des Schriftstellers. Ein wunderbarer Roman um Liebe und Mysterien. Es gibt sogar eine Stadtführung durch Barcelona zu den wichtigsten Schauplätzen des Buches.

Das dunkle Ende des Laufstegs von Eduardo Mendoza. Herrlich skurril: Im Barcelona der 1980er-Jahre lässt eine obskure Clique alter Männer ein Model verschwinden und will den Mord einem Damenfrisör anhängen. Der ermittelt und entdeckt eine weitverzweigte Verschwörung …

Gaudí – Das vollständige Werk von Rainer Zerbst. Opulenter XL-Bildband mit beeindruckenden neuen Fotos, historischen Aufnahmen und von Antoni Gaudí angefertigten Zeichnungen und Plänen. Dazu ein detaillierter Anhang zu sämtlichen Werken, der auch Möbel und unvollendete Projekte des Architekten umfasst.

FILME & SERIEN

Vicky Cristina Barcelona (2008): Vicky (Rebecca Hall) und Cristina (Scarlett Johansson), zwei US-Girls, verbringen den Sommer in Barcelona. Vicky ist verlobt, während Cristina noch auf der Suche nach der großen Liebe ist. Eines Tages lernen die beiden den Künstler Juan Antonio (Javier Bardem) kennen, der sie in sein Haus in Oviedo einlädt und mit beiden schlafen will. Cristina erliegt sofort seinem Charme. Und mit der Zeit auch Vicky.

Biutiful (2010): Familiendrama von Alejandro González Iñárritu. Der Ganove Uxbal (Javier Bardem) verdient seinen Lebensunterhalt mit kriminellen Geschäften. Doch für seine Kinder Ana und Mateo ist er ein liebevoller Vater. Als bei ihm Krebs im Endstadium diagnostiziert wird, versucht er, sein Leben zu sortieren und die Zukunft seiner Kinder zu sichern.

Die Kathedrale des Meeres (Netflix, 2018): Barcelona im 14. Jahrhundert. Arnau Estanyol, Sohn eines Leibeigenen, arbeitet als Steinträger an der Kathedrale Santa María del Mar. Die Pest und die Tyrannei des Adels machen allen zu schaffen. Als Arnaus (Aitor Luna) Aufstieg beginnt, gerät er in gefährliche Intrigen. Die spanische Serie basiert auf dem gleichnamigen Roman von Ildefonso Falcones.

ALBERT ADRIÀ

Gemeinsam mit seinem großen Bruder Ferran schmiss er das berühmteste Restaurant der Welt, El Bulli. Heute führt der Katalane Albert Adrià gleich fünf Lokale in Barcelona. Das geniale Gourmetrestaurant Enigma, in dem nur 24 Gäste auf einmal speisen können. Das edle mediterran-japanische Fusion-Restaurant Pakta, den köstlichen Mexikaner Hoja Santa, die gemütliche Bodega 1900, die nicht nur für ihren Vermouth beliebt ist und die fröhliche Tapasbar Tickets. Jedes Restaurant (alle über *elbarri.com*) hat seinen ganz eigenen Stil - gemeinsam ist ihnen allerdings, dass die Küche in allen Läden ziemlich genial ist. Und natürlich großer Wert auf Desserts gelegt wird - schließlich hat Albert Adrià als Pâtissier angefangen.

WELCHES IST IHR LIEBLINGS-VIERTEL?

___ Das **Barri Gòtic**, man hat den Eindruck, man befindet sich in der Filmkulisse eines Zeitreise-Films.

WOHIN GEHEN SIE GERNE ZUM FRÜHSTÜCKEN?

___ Normalerweise frühstücke ich zu Hause, aber wenn ich ausnahmsweise mal Zeit habe, gehe ich in mein Lieblings-Frühstückslokal **Granja M. Viader** (Carrer d'en Xuxià 4, *granjaviader.cat*) im Zentrum – hier kommen sehr traditionelle Gerichte auf den Tisch.

IN WELCHEN LOKALEN SOLLTE MAN ZUM MITTAGESSEN EINKEHREN?

___ Das ist eine schwierige Frage, normalerweise esse ich nämlich nicht zu Mittag. Deswegen ist meine Empfehlung: Suchen Sie nach einer ordentlichen Bar, die ein dreigängiges Menü für 10 bis 12 Euro anbietet. Wenn Sie Lust auf ein echt gutes Reisgericht haben, habe ich allerdings mehrere Tipps für Sie: **Xiringuito Escribà** (S. 114), **7 Portes** (Passeig d'Isabell II 14, *7portes.com*), das **Baroz Arrocería con Vistas** (Avinguda de les Drassanes 6, *baroz.es*), das **Petit Comitè** (Passatge de la Concepció 13, *petitcomite.cat*) oder das **Terrazza Martínez** (Carretera de Miramar 38, *martinezbarcelona.com*).

UND IHRE TIPPS FÜRS DINNER?

___ Oh je, da gibt es so eine riesige Auswahl! Es ist echt schwer, da nur ein paar wenige herauszupicken. Und ich würde bestimmt Ärger bekommen, wenn ich das eine empfehle und das andere nicht ... In Barcelona haben wir Gott sei Dank Hunderte von Restaurants, in denen Sie sehr gut essen können. Meiden Sie aber auf jeden Fall die Touristenfallen!

WELCHE SIND IHRE LIEBSTEN TAPASBARS?

___ Da gibt es auch so viele ... Ich zähle sie jetzt einfach mal auf: **El Xampanyet** (Carrer de Montcada 22, *elxampanyet.es*), **Cal Pep** (S. 43), **Suculent** (Rambla del Raval 45, *suculent.com*), **Restaurante Bonanova** (Carrer de Sant Gervasi de Cassoles 103, *restaurantebonanova.com*),

Ich spaziere gerne durch die Straßen und gucke mir die Architektur an

Granja Elena (Passeig de la Zona Franca 228, *granjaelena.com*), die **Mont Bar** (S. 61), **Alkimia** (Ronda de Sant Antoni 41, *alkimia.cat/carta-alkostat*), das **Gresca** (Carrer de Provença 230), die **Casa Leopoldo** (Carrer de Sant Rafael 24, *casaleopoldo.es*), das **Estimar** (Carrer de Sant Antoni dels Sombrerers 3, *restaurante-estimar.com*), das **Marea Alta** (Avenida de les Drassanes 6, *mareaaltamarea baja.com*), **Dos Pebrots** (Carrer del Dr. Dou 19, *dospebrots.com*), **Direkte Boqueria** (S. 90), **Slow & Low** (Carrer del Comte Borrell 119, *slowandlowbcn.com*), die **Casa de Tapas Cañota** (Carrer de Lleida 7, *casadetapas.com*) und **Espai Kru** (Carrer de Lleida 7, *espaikru.com*). Und die, die ich jetzt vergessen habe, mögen mir bitte verzeihen ...

UND WELCHE BAR EMPFEHLEN SIE FÜR EIN PAAR DRINKS NACH DEM DINNER?

___ Wenn Sie klassische Cocktails mögen, dann **Dry Martini** (Carrer d'Aribau 162, *drymartini org.com*) oder **Boadas** (Carrer dels Tallers 1, *boadascocktails. com*). Soll es etwas moderner sein, dann gehen Sie in die **Marlowe Bar** (Carrer del Rec 24).

AN WELCHEN ORTEN KANN MAN DIE KUNSTWELT BARCELONAS AM BESTEN ERLEBEN?

___ Es kommt sehr darauf an, für welche Künstler Sie sich interessieren. Ich mag die **Fundació Joan Miró** (S. 104) besonders gerne. Und die **Fundació Antoni Tàpies** (Carrer d'Aragó 255, *fundaciotapies.org*) – beide Künstler schätze ich sehr wegen ihrer Malerei. Außerdem sollte

Wer klassische Cocktails liebt, ist in der Bar Dry Martini richtig

man **La Pedrera** (S. 56) gesehen haben und den **Park Güell** – aber dort ist es immer wahnsinnig voll wegen der vielen Touristen. Ich spaziere gerne durch die Straßen der Stadt und gucke mir die Architektur an, zum Beispiel in El Born.

WAS DARF MAN IN BARCELONA AUSSERDEM NICHT VERPASSEN? _____
___ Ich liebe den **Tibidabo Amusement Park** (S. 11), eine tolle Erfahrung, von dort oben auf die Stadt zu blicken! Und probieren Sie unbedingt die Fahrgeschäfte aus; es gibt sogar eines, das über 100 Jahre alt ist!

WAS IST DAS CHARMANTESTE HOTEL DER STADT? _____
___ Wahrscheinlich das **Mercer Hotel Barcelona** (S. 32) oder das **The Serras** (Passeig de Colom 9, *hoteltheserrasbarcelona.com*). Ich schlafe in meiner Heimatstadt ja nicht in Hotels …

WO KAUFEN SIE GERNE EIN? _____
___ In der **Casa Gispert** (Carrer dels Sombrerers 23, *casagispert. com*), einem wunderbar altmodischen Lebensmittelgeschäft, es ist über 150 Jahre alt. Die verkaufen dort die besten hausgemachten gerösteten Nüsse und köstliche getrocknete Früchte.

WAS SIND IHRE LIEBSTEN ORTE IN DER STADT? _____
___ Die Straßen im Viertel Barceloneta, die mag ich ganz besonders. Hier würde ich wirklich gerne wohnen.

WAS SOLLTE MAN IN BARCELONA IMMER KAUFEN? _____
___ Sie suchen ein Mitbringsel für Ihre Lieben? Kaufen Sie Nougat in irgendeinem Laden auf der Avinguda del Portal de l'Àngel. Wenn man etwas Köstliches zu essen verschenkt, punktet man doch immer!

WO ENTSPANNEN SIE AM LIEBSTEN? _____
___ Das Problem in der Hochsaison ist, dass oft Massen von Menschen in der Stadt unterwegs sind. Und dann ist es schwer, irgendwo in der Stadt zu entspannen. Ich empfehle Ihnen, sich durch die Viertel Gràcia, El Born oder die Barceloneta treiben zu lassen.

WOHIN FAHREN SIE, WENN SIE MAL RAUS AUS DER STADT WOLLEN? _____
___ Eines der guten Dinge in Barcelona ist, dass man innerhalb von 20 Minuten im Grünen ist – und zwar in fast alle Richtungen!

1

LA RAMBLA
& BARRI GÒTIC

La Rambla ist eine der berühmtesten Straßen und
Flaniermeilen des Landes. Die touristische Hauptschlagader
von Barcelona. Und leider meistens total überlaufen.
In den mittelalterlichen Gassen des Barri Gòtic könnte man
dagegen lange herumbummeln. Hier schlägt das Herz
der Stadt. In dem Labyrinth von verwinkelten, weitgehend
autofreien Sträßchen und malerischen Plätzen verstecken
sich tolle kleine Boutiquen, Cafés und Restaurants – und
natürlich allerlei Sehenswürdigkeiten wie die mächtige
Kathedrale, vor der sich jeden Sonntag die Einheimischen
zum katalanischen Volkstanz Sardana treffen.

S Startpunkt ist die Kathedrale (S. 29) mit ihrer üppig verzierten Fassade. Nordwestlich des Gotteshauses, an der Plaça Nova, können Sie am Haus der Architektenkammer ein Wandfries von Pablo Picasso bewundern. Lust auf Shopping? Nehmen Sie den Carrer Sant Sever und den Baixada de Santa Eulàlia, vorbei an Läden wie ① **El Maniqui Vintage** (Nr. 8, Vintagemode) und ② **Eliurpi** (Nr. 3, Hüte). Über den Carrer de l'Ave Maria gelangen Sie zur ③ **Basílica de Santa Maria del Pi** (Plaça del Pi). Die imposante Kirche stammt aus dem 15. Jahrhundert, die Fensterrose über dem Hauptschiff zählt zu den weltweit größten. Kurzer Abstecher zu einem der malerischsten Plätze der Stadt: Über den Carrer d'Alsina, den Carrer d'en Rauric und den Carrer dels Tres Llits kommen Sie zur lebhaften ④ **Plaça Reial** mit zahlreichen Cafés, Bars und Restaurants, die sich unter den Arkaden der klassizistischen Gebäude niedergelassen haben. Sehen Sie sich auch den Brunnen gut an, die Lampen dort hat Antoni Gaudí designt. Zurück zum Carrer de la Boqueria in Richtung

Westen und dann auf den Carrer dell Call. Biegen Sie links ab auf den Carrer de Salomó ben Adret ins mittelalterliche jüdische Viertel, das bis zu einem Pogrom im 14. Jahrhundert bestand. Sehenswert: die Fragmente der ⑤ **Sinagoga Major** (Carrer de Malet 5). Als ein Investor ein Geschäft umbauen wollte, stießen die Arbeiter dabei auf ein Gewölbe mit zwei kleinen Räumen, die wohl aus dem 8. Jahrhundert stammen. Zurück auf den Carrer del Call in Richtung Westen, der dann zum Carrer de la Llibreria wird. Gönnen Sie sich ein Eis bei ⑥ **Gelaaati** (Nr. 7) – Crema Catalana und Tiramisu sind besonders fein! Alternative: ein üppiges, cremegefülltes Törtchen in der ⑦ **Patisseria Santa Clara** (Nr. 21). Links abbiegen in den Carrer de la Tapineria zur ⑧ **Plaça del Rei,** dem Platz des Königs, der von mittelalterlichen Gebäuden umrahmte Platz, der vom ehemaligen Wachturm Torre del Rei Martí überragt wird. Angeblich wurde auf der breiten Treppe am Eck des Platzes Kolumbus von König Ferdinand und Königin Isabella empfangen, als er von seiner Reise aus der Neuen Welt zurückkehrte.

Rechte Spalte, im Uhrzeigersinn: Urige Weinbar mit hervorragenden Tapas: die Bodega La Palma. So leer bekommen Sie die Plaça del Rei leider selten zu sehen. Beliebt bei Einheimischen und Touristen: der Lebensmittelmarkt an der Plaça del Pi

Linke Spalte: Eindrucksvoll: die gotische Kirche Basílica de Santa Maria del Pi (oben). Reizvoll: ein Abstecher zur Plaça Reial mit ihrem von Gaudí errichteten Brunnen

Gemütliche All-Day-Location: das Enkel

ESSEN UND TRINKEN

⌄

FRÜHSTÜCK

 Federal Café
Passatge de la Pau 11
federalcafe.es
Beliebtes, cool designtes
Hipster-Café auf einem
kleinen, versteckten Platz, das
diverse gesunde Frühstücks-
und Lunchoptionen im
Angebot hat. Es wird von zwei
Australiern geführt, ähnlich
lässig ist die Stimmung. Gut zu
wissen: Das Federal Café
hat noch einen zweiten Ableger
in Sant Antoni.

⑩ **Satan's Coffee**
Carrer de l'Arc de Sant
Ramon del Call 11
satanscoffee.com
Teuflisch guter Kaffee … Im
Satan's werden Kaffeesorten
aus allen Ländern der Welt
serviert – von Äthiopien über
Kolumbien bis Jamaika. Dazu
leckere Toasts, Sandwiches
und Croissants sowie
diverse Arten von japanisch
inspirierten Leckereien.

LUNCH

⑪ **Bistrot Levante**
Placeta de Manuel Ribé 1
bistrotlevante.com
Cleaner Chic, freundliches
Personal, leichte, leckere
Küche – das Neo-Bistro im
Herzen des Viertels hat eine
wachsende Fangemeinde. Hier
kommt kreative mediterrane
Küche mit orientalischem

Twist auf den Teller. Zum Nachtisch unbedingt das Pistazienparfait probieren.

⟨12⟩ Enkel

Baixada de Sant Miquel 6
enkelbcn.com
Lässiger Hotspot: Das Lokal liegt in einer kleinen Seitenstraße und ist vor allem bei den Locals beliebt. Bestellen Sie entweder eine Bowl (wir empfehlen Buddha oder Poke), einen Burger (zum Beispiel Korean Chicken) oder das Reuben Sandwich – wunderbar üppig belegt!

DINNER

⟨13⟩ Bodega La Palma

Carrer de la Palma de Sant Just 7
bodegalapalma.com
Für viele eine der besten Bogedas der Stadt: kleine, urige Weinbar, die schon seit 1935 für Qualität und Atmosphäre steht. Hervorragende Tapas, gemütliches Ambiente, feine spanische Weine, unglaublich netter Service und faire Preise – ein echtes Highlight.

⟨14⟩ Koy Shunka

Carrer de Copons 7
koyshunka.com
Genug von Paella und Tostados? Das Restaurant in einem Gässchen nördlich der

Kathedrale bringt fantastische Sushi, Sashimi und asiatische Fusion-Cuisine auf den Tisch. Sichern Sie sich einen Platz am Tresen, von hier aus können Sie die Köche bei der Arbeit beobachten.

DRINKS UND AUSGEHEN

⟨15⟩ Boadas

Carrer dels Tallers 1
boadascocktails.com
Eine der ältesten Bars der Stadt. Seit Miguel Boadas sie 1933 eröffnete, ließen sich am berüchtigten langen Tresen schon Ernest Hemingway und Joan Miró Drinks mixen. Bis heute servieren Kellner mit Fliege exzellente Cocktails.

⟨16⟩ El Refugi

Passatge de la Pau 12
Etwas skurrile, kleine Bar in einer Passage, die aus der Zeit gefallen scheint – und hervorragenden Vermouth verköstigt. Touristen verirren sich nur selten hierher. Das Lokal zieht vor allem Einheimische an – auch tagsüber, um Kaffee zu trinken oder um sich einen schnellen Snack zu genehmigen.

⟨17⟩ L'Ascensor

Carrer de la Bellafila 3
Herrlich-gemütliche Old-School-Bar mit viel Holz, antiken Spiegeln und einer Marmortheke. Sie ist nach den Lifttüren benannt, die den Eingang schmücken. Serviert werden hervorragende Drinks – die Barmänner verstehen ihr Business.

Orientalische Spezialitäten im Herzen der Stadt: Bistrot Levante

Eines der Highlights
im Opernhaus Gran
Teatre del Liceu: die
Wagner-Festspiele

EINKAUFEN

Herrlich zum Bummeln: die kleinen Gässchen des Barri Gòtic

⑱ Herboristeria del Rei

Carrer del Vidre 1

herboristeriadelrei.com

Schon Königin Isabella II. kaufte hier ihre Heilkräuter, der Laden hat seit 1823 eine treue Gefolgschaft. Wer sich für Gewürze, Kräuter und Heilpflanzen interessiert, sollte unbedingt vorbeischauen. Im Jahr 2006 wurden sogar einige Szenen für den Kinofilm »Das Parfum« hier gedreht.

⑲ La Manual Alpargatera

Carrer d'Avinyó 7

lamanual.com

Und noch ein Traditionsgeschäft: Es besteht bereits seit dem Ende des Spanischen Bürgerkriegs und ist bekannt für seine handgemachten Espadrilles. Angeblich haben hier schon Michael Douglas, Julianne Moore und Salvador Dalí geshoppt. Perfekte Mitbringsel!

KUNST UND KULTUR

⑳ Gran Teatre del Liceu

La Rambla 51–59

liceubarcelona.cat

Eines der modernsten Opernhäuser der Welt, seit es 1994 fast völlig niederbrannte und daraufhin restauriert wurde. Das Herzstück des Theaters, das prachtvolle Auditorium, ist berühmt für seine sensationelle Akustik. Auch sehenswert: der Spiegelsalon mit üppigem Marmor, Kronleuchtern und beeindruckenden Wand- und Deckengemälden. Gut zu wissen: Das Haus ist der weltweit zweitgrößte Veranstalter von Wagner-Festspielen – gleich nach Bayreuth.

㉑ La Catedral

Pla de la Seu

catedralbcn.org

Die mächtige Kathedrale ist der heiligen Eulàlia, Barcelonas Schutzpatronin, gewidmet. Die wichtigsten Elemente des Kirchenhauses wurden 1298 bis 1448 fertiggestellt, die beeindruckende Fassade mit ihren Wasserspeiern und Ornamenten kam allerdings erst 1870 dazu. Wissenswert: Zur Krypta, in der sich das Grab der heiligen Eulàlia befindet, gelangen Sie über eine Treppe vor dem Hauptaltar. Tipp: bei der Capella de les Animes del Purgatori den Aufzug zum Dach der Kathedrale nehmen (ca. 3 €). Nicht verpassen: den Claustre, den Kreuzgang mit einem Brunnen. Wundern Sie sich bitte nicht, wenn Sie auf einmal wildes Geschnatter hören – hier werden auch 13 Gänse gehalten.

Über den Dächern von
Barcelona: Der super stylishe
Pool des Hotels The Mercer

SCHLAFEN

 Soho House

Plaça del Duc de Medinaceli 4
sohohousebarcelona.com
Jüngstes Baby der Soho House
Gruppe: In einem Gebäude
aus dem 18. Jahrhundert mit
Blick auf den Hafen Port
Vell ist das Haus ein gelungener Mix aus gotischer Architektur und shabby-modernem
Interieur. Die Dachterrasse
mit Pool ist perfekt zum
Relaxen nach einem ausgiebigen Stadtbummel, natürlich
ist wie in den anderen Städten
das Restaurant Cecconi's
mit von der Partie und be-
kocht seine Fans mit modern-
mediterraner Küche. Wer
sein Work-out nicht vernach-
lässigen will, nutzt das
hauseigene Fitness- und Yoga-
Studio. DZ ab ca. 230 €.

The Mercer

Carrer dels Lledó 7
mercerbarcelona.com
Highlight des Boutiquehotels,
das sich in einem Palast aus
dem 17. Jahrhundert befindet:
die luxuriöse Dachterrasse
mit Pool und Bar. Doch auch
der Rest des Hauses lässt
keine Wünsche offen: 28 stim-
mungsvolle Zimmer, die mit
viel Liebe zum Detail gestaltet
sind, die modernen Glaswände
im Innenhof stehen in einem
spannenden Kontrast zu
den uralten, zum Teil original
erhaltenen Stadtmauern. Im
Erdgeschoss sind sogar noch
Wandmalereien aus dem
12. Jahrhundert zu bewundern.
Und der Service ist Spitzen-
klasse! DZ ab ca. 300 €.

Schöner schlafen: Zimmer
im Hotel The Mercer

PAU
GUARDANS

Pau Guardans, CEO der Único Hotels und damit auch Besitzer
des wunderbaren Grand Hotel Central (S. 48), ist eine Art
wandelndes Barcelona-Lexikon. Mit viel Hingabe berät er seine
Gäste, wo sie außergewöhnliche lokale Künstler oder versteckte
Bars finden, und stellt ihnen auch maßgeschneiderte Stadtteil-
führer zur Verfügung. Guardans ist in der Stadt geboren und hat
die Hotellerie-Szene nachhaltig geprägt. Das Grand Hotel Central
mit seinem traumhaften Infinity-Pool auf dem Dach ist eine
Ode an das goldene Zeitalter der 1920er-Jahre und gleichzeitig
eine Hommage an die katalanische Kultur. Auch die Küche ist
hier auf höchstem Niveau: Hinterm Herd steht Ramon Freixa,
dessen gleichnamiges Gourmetrestaurant im Hotel Único in
Madrid gleich zwei Michelin-Sterne besitzt.

WAS IST IHRE LIEBLINGS-GEGEND? _____

___ Barcelona ist eine kleine Stadt, die man zu Fuß leicht erkunden kann. Ich empfehle, sich im **Barri Gòtic** zu verlieren und die Geheimnisse seiner engen Gassen und Plätze auf diese Weise zu entdecken. Gehen Sie ins **Eixample** zum Einkaufen, hier werden Sie die besten Geschäfte finden. Und essen Sie danach in einem der Restaurants, die ihre Terrasse auf dem Carrer d'Enric Granados haben.

WOHIN GEHEN SIE GERNE ZUM FRÜHSTÜCKEN? _____

___ Ich liebe es, auf den Märkten zu frühstücken. Es gibt so viele Bars mit wunderbaren Angeboten, wie die **Pinotxo Bar** auf dem Mercat de la Boqueria (Carrer la Rambla 89, *pinotxo bar.com*) oder **La Torna** (Carrer d'En Giralt el Pellicer 12, *latorna.com*) im Mercat de Santa Caterina.

WAS IST IHR TIPP FÜRS MITTAGSESSEN? WAS SOLLTE MAN DORT BESTELLEN? _____

___ Besonders gern gehe ich ins **City Restaurant** (Via Laietana 30, *citybar.es*), das direkt im Herzen der Altstadt liegt – es ist elegant und sehr preiswert. Mein Lieblingsgericht ist deren Version eines sehr katalanischen Desserts, »Mel i Mató« (Frischkäse und Honig).

UND WO SOLLTE MAN FÜRS DINNER RESERVIEREN? _____

___ Zum Abendessen denke ich, ist es toll, irgendwo hinzugehen, wo man die Skyline der Stadt bewundern kann. Es gibt zwei Orte, die mir immer wieder sehr gut gefallen: **La Terraza Martínez** (Carretera de Miramar 38, *martinezbarcelona.com*) und **Pez Vela** (Passeig del Mare Nostrum 19/21, *grupotragaluz. com/restaurante/pez-vela*), die beide ausgezeichnete Fisch- und Reisgerichte anbieten.

Die Bar del Pla serviert wunderbare saisonale Gerichte

WO SONST IN BARCELONA SOLLTE MAN UNBEDINGT ZUM ESSEN GEHEN? _____

___ Barcelona ist eine Stadt, die mehr als üppig bestückt ist mit wunderbaren Restaurants, aber ich empfehle Ihnen jetzt zwei ganz unterschiedliche Lokale: **Koy Shunka** (S. 27) ist ein fantastisches japanisches Restaurant. Und **Disfrutar** (S. 61) ein leuchtendes Beispiel für zeitgenössische katalanische Küche.

IHRE LIEBSTE TAPAS-BAR? _____

___ Die **Bar del Pla** (S. 40) serviert wunderbare saisonale Gerichte und die Speisekarte wechselt täglich.

WAS IST DER BESTE ORT FÜR EINEN DRINK IN DER NACHT? WER MISCHT DIE STÄRKSTEN GETRÄNKE? _____

___ Ohne Zweifel ist das die **Sky Bar** im **Grand Hotel Central** mit dem wohl besten Rooftop-Pool der Stadt – er bietet einen sensationellen Blick auf das Viertel El Born, den Dom und das Meer. Wir haben auch das Glück, einen der besten Mixologen des Landes zu haben, Manel Vehí del Boia de Cadaqués (*boianit.com*), der die Drinks mischt.

WELCHE SIND DIE BESTEN ORTE, UM IN DIE KUNSTWELT EINZUTAUCHEN? WELCHE MUSEEN UND WELCHE GALERIEN EMPFEHLEN SIE? _____

___ Mein Lieblingsmuseum ist das **Museu d'Art Contemporani** (S. 93), das hervorragende, regelmäßig wechselnde Ausstellungen in einem der markantesten Gebäude der Altstadt zeigt. In kleinerem Rahmen gefällt mir die **Galería Senda** (Carrer de Trafalgar 32, *galeriasenda. com*) sehr gut, da sie sich der Präsentation junger und aufstrebender moderner Künstler widmet.

WELCHE ANDEREN SEHENSWÜRDIGKEITEN SIND EIN MUSS? _____

___ Das Vestibül der Kathedrale. Es ist wunderbar dramatisch. Ich denke auch, dass jeder

Besucher einen Spaziergang entlang der Strandpromenade zwischen unseren beiden symbolischen Hotels machen sollte – dem **Hotel Arts** (Carrer de la Marina 19, *hotelartsbarcelona.com*) und dem **W** (Plaça Rosa del Vents 1, *marriott.com*). Dieser Weg ist auch ideal zum Joggen. Schließlich, um Ihr Barcelona-Erlebnis abzurunden, ist das Innere der Sagrada Familia pure Magie.

WELCHES IST DAS CHARMANTESTE HOTEL DER STADT?

—— Das **Grand Hotel Central Barcelona** (S. 48). Nicht nur wegen seiner zentralen Lage (man kommt überall zu Fuß hin), sondern auch wegen seiner eleganten, zeitgenössischen Inneneinrichtung in einem Gebäude aus den 1920er-Jahren. Es vermittelt einen wunderbaren Eindruck vom eigenen Geschmack und der Designästhetik Kataloniens.

WO KAUFEN SIE GERNE EIN?

—— Für Herrenbekleidung mag ich **The Outpost** (Carrer del Rosselló 281, *theoutpostbcn.com*) und **Nino Álvarez** (Rambla Catalunya 63, *ninoalvarez.com*), die beide eine wirklich gute Auswahl an Marken führen. Wenn Sie auf der Suche nach stylishen Dingen sind, dann ist das ultra-luxuriöse Kaufhaus **Santa Eulalia** (Passeig de Gràcia 93, *santaeulalia.com*) ein Muss. Für Interieur und Deko gibt es zwei Geschäfte, die mir sehr gut gefallen und die sehr unterschiedliche Ansätze im Design

Ich miete am liebsten ein Fahrrad und radle die Küste entlang

verfolgen. Der Concept Store des Innenarchitekten **Jaime Beriestain** (Carrer de Pau Claris 167, *conceptstore.beriestain.com*) und das elegante französische Möbelhaus **Antrazita** (Carrer de Sèneca 18, *antrazita.com*). Wer Bücher kaufen will, muss zu **La Central** (Carrer d'Elisabets 6, *lacentral.com*) in El Raval.

VERRATEN SIE UNS IHREN LIEBLINGSORT IN BARCELONA?

—— Die Terrasse des **Museu Frederic Marès** (Plaça Sant Iu 5, *museumares.bcn.cat*). Und was ich auch sehr schätze: einen Spaziergang durch die herrliche **Fundación Joan Miró** (S. 104) mit fantastischem Blick auf die Stadt.

WAS SOLLTE MAN IMMER KAUFEN, WENN MAN IN DIESER STADT IST?

—— Barcelona hat so viele wunderbare Dinge, aber es hat auch den FC Barcelona und Messi ... Also schätze ich, dass ein Fußballhemd unseres adoptierten Argentiniers eine ausgezeichnete Erinnerung an Ihre Reise hierher ist. Wenn Sie etwas Süßes bevorzugen, können Sie nichts falsch machen mit Pralinen oder Gebäck aus den unzähligen Konditoreien der ganzen Stadt.

WO ENTSPANNEN SIE AM BESTEN?

—— An einem der wunderbaren Strände der Stadt. Ich miete am liebsten ein Fahrrad und radle die Küste entlang. Dann kehre ich in einer der vielen Xiringuitos (Strandcafés) auf ein kaltes Bier, am liebsten lokal gebraut, ein.

UND WOHIN FAHREN SIE, WENN SIE MAL RAUS AUS DER STADT WOLLEN?

—— Nur eine Stunde von Barcelona entfernt liegt unsere ganz eigene kleine Toskana: das Empordà – eine wundervolle Region mit sanften Hügeln, hübschen mittelalterlichen Villen, ausgezeichneten Restaurants und fabelhaften Stränden, die von rosa Bäumen gesäumt sind. Eines der klassischen Hotels und Spas in der Region für eine echte Auszeit ist die **Mas de Torrent** (*hotelmastorrent.com*).

2

LA RIBERA
EL BORN

Durch La Ribera verläuft eine der berühmtesten
mittelalterlichen Straßen der Stadt: der Carrer de Montcada,
hier errichteten die reichen Händler und Adeligen
einst ihre Residenzen. Viele von ihnen strahlen immer
noch in alter Pracht, in einigen sind heute Museen
untergebracht, wie das Picasso-Museum. Die Gegend rund
um den Passeig del Born, der Hauptader des
Stadtteils, mit ihren gepflasterten Gassen, uralten Gemäuern,
Bars, Cafés und Boutiquen, ist bei den Einheimischen
sehr beliebt. Im Mittelalter spielte der Passeig in der Stadt
eine äußerst gewichtige Rolle: Hier fanden Hexen-
verbrennungen, Ritterturniere und Hinrichtungen statt.

Wir starten an der Westseite des Parc de la Ciutadella bei der ① **Reiterstatue von General Prim**. Der 30 Hektar große Park ist eine beliebte Alternative zum Strand, ideal für gemütliche Spaziergänge, ein Picknick oder eine Bootsfahrt auf dem See. Highlight: der ② **Kaskadenbrunnen** mit seinem von Drachen gesäumten Becken. Abstecher in Richtung Norden zum ③ **Arc de Triomf** am Passeig Lluís Companys – während der Weltausstellung im Jahr 1888 fungierte der Triumphbogen als Eingangstor. Nehmen Sie jetzt den Passeig de Picasso ein Stück in Richtung Süden, dann biegen Sie rechts in den Carrer de la Ribera ein und wieder rechts auf den Carrer Antic de San Joan, bis Sie zum Passeig del Born gelangen, einem hübschen Boulevard mit beeindruckender Architektur, vielen Bänken und kleinen Bars. Gönnen Sie sich eine Kaffeepause in der ④ **Bar El Born** (Nr. 26), die viele Stammgäste anzieht. Wer auf der Suche nach hübscher Kindermode, ist wird bei ⑤ **Tinycottons** (Nr. 7) fündig. Am westlichen Ende des Passeig El Born erhebt sich die ⑥ **Basilika Santa Maria del Mar** – katalanische Gotik in voller Perfektion. Ihr Bau begann im Jahr 1329 unter der Leitung von Berenguer de Montagut, nur 60 Jahre später wurde sie fertiggestellt. Äußerst sehenswert: die Buntglasfenster aus dem 15. Jahrhundert im Innenraum. Wer Lust auf etwas Süßes hat, kehrt danach in der legendären ⑦ **Patisserie Bubó** (Carrer de les Caputxes 10) von Carles Mampel ein – die quietschbunten Macarons oder Petit Fours machen glücklich! Good news: Bubó hat mittlerweile gleich nebenan eine kleine Tapasbar eröffnet – das Steak Tartare ist sehr zu empfehlen! Und auch die Huevos Rotos! Weiter über den Carrer dels Sombrerers in östlicher Richtung an der Kirche entlang, dann links in den Carrer de Montcada abbiegen, die mittelalterliche Prachtstraße, die Sie unter anderem am Palau Dalmases (Nr. 20), am Palau Cervélló (Nr. 25) und am ⑧ **Palau del Marquès del Lló** (Nr 14) vorbeiführt, das heute das Museu de Cultures del Món (MCM) beherbergt. Weiter zu einem der Höhepunkte Barcelonas: dem **Museu Picasso** (S. 48). Hungrig nach so viel Kunst? Weiter auf dem Carrer de Montcada in Richtung Nordwesten – zur Stärkung biegen Sie entweder auf dem Carrer de la Princesa nach rechts ab und holen sich eine Zimtschnecke bei ⑨ **Demasié** (Nr. 28) – der Laden ist für diese Spezialität weit über die Grenzen der Stadt hinaus bekannt. Oder Sie gehen weiter geradeaus und genießen ein Glas Wein in der ⑩ **Bar del Pla** (Nr. 2). Kurz darauf stoßen Sie auf den Carrer dels Corders. Links und gleich wieder rechts in den Carrer de Sant Jacint, bis Sie zum ⑪ **Mercat Santa Caterina** (Avinguda de Francesc Cambó 16) gelangen, der ältesten Markthalle der Stadt mit ihrem wellenförmigen bunten Keramikdach. Die Halle wurde von den Architekten Enric Miralles und Benedetta Tagliabue entworfen, die über 325 000 Keramikteilchen in 60 Farben sind auch eine Referenz an den Modernisme.

Im Uhrzeigersinn: Seit 1952 beliebt bei den Locals: die Grand Bodega Maestrazgo. Die Weinbar La Catalista ist auf katalanische Weinproduzenten spezialisiert. Hotspot für Tapas aller Art: Bar del Pla. Perfekt zum Vino: Käse- und Jamon-Platte in der Bar El Born. Der Arc de Triomf war das Haupteingangstor für die Weltausstellung 1888

ESSEN UND TRINKEN

⌄

FRÜHSTÜCK

 Café Lulu
Av. Del Marquès de
l'Argentera 7
cafelulubcn.com
Kleines, liebevoll geführtes
Nachbarschaftscafé, im mini-
malistischen Stil eingerichtet.

Auch am Abend treffen sich
hier die Leute aus der Gegend
auf einen Cava. Die Küche ist
vegetarisch. Sehr zu empfehlen
sind Avocado und Eier
auf Toast. Und natürlich der
Chocolate Smoothie.

◇ **Funky Bakers**
Passeig del Born 10
funkybakers.com
Das kleine Deli von Seyma
Ozkaya Erpul verwöhnt Sie
mit einer wirklich köstlichen
Auswahl: von Chia und
Granola Bowls über skandina-
visches Smorrebrod mit
Räucherlachs bis zu feinen
Sandwiches, selbst geback-
enen Kuchen und Salaten.

LUNCH

◇ **Bodega La Puntual**
Carrer de Montcada 22
grupovarela.es
Gemütliche, ziemlich authentische Tapas-Bar gleich beim
Picasso-Museum, als Tische
fungieren Weinfässer, die
Gerichte sind traditionell mit
modernem Touch. Wer Sardellen liebt, ist hier an der richtigen Adresse – die sind nämlich für viele Fans der Grund,
in der Bodega zu essen. Auch
der Jamon und die Patatas
Bravas werden oft gelobt.

Stylishes Ambiente: Café Lulu

42

⟨15⟩ El Atril

Carrer dels Carders 23

elatrilbarcelona.es

Sichern Sie sich einen Platz
unter den Sonnenschirmen
auf der kleinen Plaça de Sant
Cugat und bestellen Sie sich
eine große Schüssel Moules et
Frites – besser geht es nicht.
Das Lokal ist natürlich auch
beliebt für seine Tapas-Auswahl, aber auch für die reich-
haltigen Fleischgerichte.
Schlussfolgerung: Hier ist für
jeden was dabei.

DINNER

⟨16⟩ Cal Pep

Plaça de les Olles 8

calpep.com

Beliebte, stets volle Tapas-Bar,
die für viele die besten und
frischesten Meeresfrüchte der
Stadt serviert: Venusmuscheln,
Miesmuscheln, Scampis,
Gambas oder Oktopus katala-
nisch zubereitet. Nehmen
Sie Platz an der Bar. Achtung:
Manchmal muss man ein
bisschen anstehen, aber es
lohnt sich!

⟨17⟩ El Chigre

Carrer dels Sombrerers 7

elchigre1769.com

Gelungener und gemütlicher
Mix aus katalanischer und
asturischer Vermouth- und
Cider-Kneipe. Alles, was auf
den Teller kommt, stammt

Unbedingt die
selbst gebackenen
Törtchen im Funky
Bakers versuchen!

von Produzenten aus der
Umgebung von Barcelona.
Versuchen sie die Spicy
Baby Bombs und die gegrill-
ten Muscheln!

⟨18⟩ Fismuler

Carrer del Rec Comtal 17

fismuler.com

Ein genialer Mix aus lockerer
Atmosphäre und ausgezeich-
neter Küche. Hinter dem relativ
neuen Restaurant im Hotel
Rec stecken die drei Freunde
Nino Redruello, Patxi Zumár-
raga und Jaime Santianes,
die schon gemeinsam in
Ferran Adriàs legendärem El
Bulli gearbeitet haben.

DRINKS UND AUSGEHEN

⟨19⟩ Bodega Maestrazgo

Carrer de Sant Pere
Més Baix 90

bodegamaestrazgo.com

Einer der ältesten Weinläden
der Stadt mit viel Charme,
der 1952 vom Großvater des
heutigen Betreibers eröffnet
wurde: die Wände
voller Weinregale, die Kellner
versiert. Zum Wein
oder Vermouth werden
kleine Snacks serviert.

⑳ Clubhaus

Avenida del Marquès de
l'Argentera 13
clubhaus.es

Szene-Liebling: Graffiti an den
Wänden, ein Pooltisch, dazu
mehrere Bars, ein Karaoke-
Raum und Streetfood. Die
Betreiber wollten einen Ort
schaffen, an dem Nightlife auf
Spaß und Kunst trifft – das ist
ihnen gelungen. Sehr beliebt
bei Models und Medienleuten.

㉑ La Catalista

Carrer dels Carders 11
lacatalista.com

Auch fürs Dinner eine tolle
Wahl: wunderbare pittoreske
Weinbar, die sich auf kleine
katalanische Produzenten spezialisiert hat. Besitzerin Erin,
eine Amerikanerin, nimmt
sich für ihre Gäste viel Zeit.
Lassen Sie sich zum jeweiligen
Getränk das passende Gericht

empfehlen – Sie werden es
nicht bereuen ...

㉒ The Roof

Barcelona Edition Hotel
Avinguda de Francesc
Cambó 14
editionhotels.com/barcelona

Mega-Blick über die Stadt,
fancy Flair und dazu tolle
Cocktails. Hotspot im 10. Stock
des hippen Hotels The Barcelona Edition, der ideale Platz
zum Sonnenuntergang. Lie-
blingsdrink: Rooftop Tippler
mit Wodka, Lime und Ananas.

EINKAUFEN

㉓ Coquette

Carrer del Bonaire 5
coquettebcn.com

»Born to be beautiful« lautet
das Motto des Concept-Stores,
den die spanische Modedesig-
nerin Isabel Campelo gegründet hat. Im loftartigen Showroom mit hohen Wänden und
Zementböden hängt Fashion
von Isabel Marant, Jerome
Dreyfuss und A.P.C. an den
Stangen. Superchic!

㉔ OMG Barcelona

Plaça de la Llana 7
omgbcn.com

Wer auf der Suche nach ganz
besonderen Souvenirs ist,
schnell zu OMG! Wirklich winziges Geschäft, das nur ganz
besondere Objekte verkauft,
die von lokalen Designern
oder Handwerkern angefertigt
wurden: von der bunten
Regenbogenvase über farben-
frohe Halsketten bis zu aus-
gefallenem Wandschmuck.
Schnell hin, es lohnt sich!

㉕ The Perfumery

Carrer de Sant Pere Més Alt, 58
theperfumery.es

Himmlisch für Duftfans! Die
Perfumery wurde zu einer Zeit
gegründet, als das Thema
Nischenparfüms noch nicht in
aller Munde war. In dem
kleinen, intimen Laden finden
Sie wirklich exklusive und
kostbare Düfte aus der ganzen
Welt, zum Beispiel von Zoolo-
gist, Giovanna Antonelli oder
A Lab on Fire. Das Geschäft
wurde mit viel Sorgfalt nach
Feng Shui Prinzipien gestaltet.
Achtung, Suchtgefahr!

Chillout-Spot: die
Dachterrasse im The Roof des
Barcelona Edition Hotels

Die mit Abstand exklusivste Parfümerie der Stadt: The Perfumery

Gigantischer Blick über die nächtliche Skyline von Barcelona vom The Roof des angesagten Barcelona Edition Hotels

KUNST UND KULTUR

26 **Museu Picasso**

Montcada 15–23

museupicasso.bcn.cat

Kultureller Dauerbrenner: Die über 3600 Exponate, die Sie in fünf zusammenhängenden Stadthäusern bewundern können, sind wirklich beeindruckend. Die meisten der Werke wurden dem Museum vom Künstler selber vermacht, einiges stammt auch aus dem Besitz seines Freundes und Sekretärs Jaume Sabartés. Die ständige Sammlung ist im Palau Aguilar, dem Palau del

Eleganter Klassiker:
Grand Hotel Central

Baró de Castellet und dem Palau Meca zu bewundern. Nicht verpassen: die Kollektion seiner Frühwerke von 1890 bis 1904. Tickets unbedingt vorher online reservieren!

27 **Palau de la Música Catalana**

Carrer de Palau de la Música 4–6

palaumusica.cat

Ein Muss für Musik- und Architekturfans! Das beeindruckende Konzerthaus mit seiner prächtig geschmückten Fassade wurde zwischen 1905 und 1908 von Domènech i Montaner errichtet. Heute ist es Weltkulturerbe. Die imposante Konzerthalle mit ihrem verzierten Glasdach ist eines der Highlights der Modernisme-Architektur. Ein Konzert hier ist ein echtes Erlebnis!

RELAX

28 **Aire Barcelona**

Passeig de Picasso 22

airedebarcelona.com

Außergewöhnlicher Spa mit Hammam, mehreren Thermalbecken und Saunen im antiken römischen Stil. Die backsteingepflasterten Räume sind mit unzähligen Kerzen erleuchtet. Gönnen Sie sich auch eine Massage – danach fühlt man sich wie neu geboren!

SCHLAFEN

29 **Grand Hotel Central**

Via Laietana 30

grandhotelcentral.com

Chices Designhotel in einem Gebäude aus dem Jahr 1926 mit viel Charakter und Charme. Es gehört zu Pau Guardens exklusiver Único-Hotel-Gruppe. Die Zimmer sind geräumig und sehr stilvoll eingerichtet, in den Bädern stehen Produkte der exklusiven Kosmetikmarke Gilchrist & Soames. Ein Highlight, perfekt zum Ausruhen nach dem Stadtbummel: der hübsche Pool auf dem Dach. Auch vom Gym aus hat man einen tollen Blick auf die Stadt. DZ ab ca. 250 €.

30 **Yurbban Passage Hotel & Spa**

Carrer de Trafalgar 26

yurbbanpassage.com

Herzlich geführtes Vier-Sterne-Hotel in einer ehemaligen Stofffabrik, die Einrichtung des Hauses und der Zimmer ist in Naturtönen gehalten. Buchen Sie auf jeden Fall eine Behandlung im Spa – hier wird nur mit organischen und veganen Produkten gearbeitet. Auch toll zum Relaxen: die Dachterrasse mit kleinem Pool. Tipp: Buchen Sie eines der Yurbban Premium Terrace Zimmer: DZ ab ca. 125 €.

NAIMA BARCELONA

Naima, eine gebürtige Marokkanerin, die seit Jahren in Barcelona lebt, betreibt einen der erfolgreichsten Lifestyleblogs der Stadt. Nach einigen Jahren im Kommunikationsbusiness beschloss sie, ihre Leidenschaft zum Beruf zu machen. 2009 kreierte sie ihren ersten naimabarcelona-Account auf tumblr. Mit Lieblingslooks aus inspirierenden Blogs. Es folgten ihre eigene Website (*naimabarcelona.com*) und ihr Instagram-Channel @instanaimabarcelona, auf der ihr über 300 000 Fans folgen. Neben angesagter Mode postet sie natürlich auch neue Hotspots und versteckte Plätze in Barcelona.

WELCHES IST IHR LIEBLINGSVIERTEL? _____

____ Barcelona ist eine unglaubliche Stadt, in der ich mich gerne treiben lasse. Aber wenn ich mich für ein Viertel entscheiden müsste, würde ich zweifellos das **Barri Gòtic** wählen. Auch in **El Raval** und **El Born** fühle ich mich wohl. Verlieren Sie sich in den Straßen des Barri Gòtic! Ein Labyrinth von engen Gassen voller Geschichte, perfekt, um den Kontrast zwischen dem, was neu ist und dem, was nicht so neu ist, schätzen zu lernen. Es ist kreativ, lebendig, laut, hat viel Kultur, ist historisch und sehr kosmopolitisch. Die perfekte Mischung, um Barcelona so richtig zu genießen. Sie kennen die Stadt nicht wirklich, wenn Sie sich nicht mehrfach im Barri Gòtic verirrt haben. Darüber hinaus finden Sie dort, von der Plaza Catalunya bis zum Strand und Hafen, alles, was Sie sich wünschen: Entspannung, Kultur … und vor allem tolle gastronomische Vielfalt: von eleganten Michelin-Sterne-Lokalen bis hin zu trendigen Fusion-Restaurants.

WOHIN GEHEN SIE GERNE ZUM FRÜHSTÜCKEN? _____

____ Das Frühstück in Barcelona ist ein Fest für den Gaumen. Und das Angebot an charmanten Cafés wird immer größer. Es ist einfach das Beste, morgens mit einem guten Kaffee mit Milch und einem Toast zu starten … Ehrlich gesagt, es ist unmöglich, nur einen Ort zum Frühstück zu empfehlen, also schlage ich Ihnen zwei vor. Als Eerstes: **Granja Petitbo** (S. 56). Es liegt im Herzen Barcelonas, Sie können entweder echte amerikanische Pancakes bestellen oder ein gesünderes Frühstück mit etwas Toast und Orangensaft. Einfach perfekt. Zweitens, und weiter weg vom Trubel der Stadt: das **Alma Café** (Carrer de Plató 24). Der perfekte Ort für einen köstlichen Avocadotoast mit pochiertem Ei. Unglaublich lecker, hier müssen Sie einkehren!

> *Das beste vegane Restaurant der Stadt ist The Green Spot*

IHR TIPP FÜRS MITTAGESSEN?

____ Das Angebot ist immens. Jeden Tag entdeckt man ein neues Restaurant, in dem man entspannt lunchen kann, mit ausgezeichneter Küche und tollem Service. Ein sehr gutes Preis-Leistungs-Verhältnis hat **Taktika Berri** (Carrer de València 169) im Stadtteil Eixample. Toll, um ein köstliches Omelett oder den Seehecht in Weinsoße mit Paprikaschoten zu schlemmen. Die Deko ist nicht sehr modern, aber die Küche ist ausgezeichnet. Sie können Tapas an der Bar essen – oder Sie reservieren vorher einen Tisch. Wenn Ihnen mal nicht nach spanischer Küche ist, wäre das peruanische Restaurant **Yakumanka** (Carrer de València 207, *yakumanka. com*) meine erste Wahl. Es liegt auch im Eixample und sein Schöpfer Gastón Acurio hat es zur besten Cevichería Barcelonas gemacht. Die besten Gerichte sind die gemischten Ceviche und der klassische Tiradito. Und für diejenigen, die gut essen und den Blick auf das Meer und die Berge genießen wollen, ist Terraza Martínez (Carretera de Miramar 38, *martinezbarcelona. com*) definitiv ideal. Auf dem Berg Montjuïc gelegen, ist es ein besonderer Ort: Sie haben einen unglaublichen Blick auf die ganze Stadt und dazu ein außergewöhnliches Geschmackserlebnis. Auf der Karte stehen die üblichen Klassiker, aber mit einem ganz besonderen Twist – wie eine wirklich gute Paella oder Tintenfisch mit Pilzen. Unglaublich köstlich!

UND WO SOLLTE MAN FÜRS DINNER RESERVIEREN? _____

____ Für diejenigen, die gerne gesund essen: Das beste vegane Restaurant der Stadt ist **The Green Spot** (Carrer de la Reina Christina 12, *encompaniadelobos.com*). Es wurde vom brasilianischen Architekten Isay

Weinfeld gestaltet, er hat ein sehr originelles und lässiges Lokal geschaffen. Was sollte man bestellen? Eine der Bowls, ein Curry oder die Kürbis-Pizza. Mir läuft schon das Wasser im Mund zusammen, wenn ich nur an das Essen dort denke ... Denjenigen, die sich ein bisschen Show zum Dinner wünschen, empfehle ich das **Vellisima** (Passeig de Joan de Borbó 103, *velissima.com*). Es ist ein italienisches Restaurant, das neben einigen tollen Gerichten auch jedes simple Abendessen in eine Party verwandelt. Sie werden dort eine echt gute Zeit – und viel Spaß – haben!

WELCHE ANDEREN LOKALE DARF MAN BEI EINEM BESUCH IN BARCELONA NICHT VERPASSEN? _____

_____ Es gibt einige, die jeder, der nach Barcelona kommt, einmal ausprobieren sollte. Zum Beispiel **El Nacional** (Passeig de Gràcia 24 Bis, *elnacionalbcn.com*). Ein sehr originelles Lokal mit verschiedenen Bereichen, in dem man von den besten Austern über köstliches Brot mit Tomaten bis zu iberischem Schinken alles bekommt. Der perfekte Ort, um sich nach einem anstrengenden Bummel durchs Zentrum mit einer ausgiebigen Mahlzeit zu belohnen. Gourmets rate ich, im **La Taverna del Clínic** (Carrer del Rosselló 155, *latavernadelclinic.com*) zu

reservieren. Es liegt im Eixample und bietet ausgezeichnete saisonale Küche. Ein ganz besonderes gastronomisches Erlebnis.

IHRE LIEBSTE TAPASBAR? _____

_____ Die **Bar Cañete** (S. 90), hier stehen traditionelle Tapas auf der Karte wie Albóndigas mit Steinpilzen oder Tortillas de Camarón. **Quimet & Quimet** (S. 103) ist perfekt, um mit Freunden ein paar leckere Snacks zu essen und eine große Auswahl an Weinen und exzellenten Bieren zu genießen.

WAS IST DER BESTE ORT FÜR EIN PAAR LATE-NIGHT-DRINKS? WER MIXT DIE STÄRKSTEN GETRÄNKE? _____

_____ Meine Lieblingslocation für einen Drink, ein Dinner und auch zum Tanzen ist der **Carpe Diem Lounge Club** (CDLC, Passeig Marítim de la Barceloneta 32, *cdlcbarcelona.com*). Er liegt super-privilegiert direkt am Meer, die Atmosphäre ist megacool und die Musik gut, es legen immer verschiedene DJs auf. Auch das **Gatsby** (Carrer de Tuset 19, *gatsbybarcelona.com*) und das **Feroz** (Carrer de Tuset 27, *ferozbcn.com*) sind ausgezeichnet, vor allem im Herbst und Winter. Wo man die stärksten Drinks kriegt? Ich würde sagen, **Dry Martini** (Carrer d'Aribau 162, *drymartiniorg.com*) ist ein Klassiker. **Dr. Stravinsky**

(Carrer dels Mirallers 5, *drstravinsky.cat*) steht bei Cocktailfans hoch im Kurs – eine Bar, die sich vor allem durch selbst gebraute Spirituosen und Liköre auszeichnet.

WELCHES SIND DIE BESTEN ORTE, UM IN DIE WELT DER KUNST EINZUTAUCHEN? _____

_____ In Barcelona gibt es ein großes kulturelles Angebot, bei den Museen möchte ich Ihnen das **Museu d'Art Contemporani de Barcelona** (S. 93), den **Centre de Cultura Contemporànea de Barcelona** (CCCB, S. 88), das **Museu Marítimo** (S. 10), das **Museu d'Història de Barcelona** (Plaça del Rei, *museuhistoria. bcn.es*), das **Museu Picasso** (S. 48) und das **Museu Nacional**

Kulturelles Highlight: das Museu Picasso

d'Art de Catalunya (S. 100) ans Herz legen. Mein persönlicher Favorit ist das **Museu del Modernisme** (Carrer de Balmes 48, *mmbcn.cat*), das eine Schlüsselperiode der Entwicklung der Stadt, wie wir sie heute kennen, widerspiegelt. Wenn Sie eine Galerie besuchen möchten, dann die **Galería Joan Gaspar** (Carrer del Consell de Cent 284, *galeriajoangaspar.com*).

WELCHE SEHENSWÜRDIGKEITEN DARF MAN AUSSERDEM NICHT VERPASSEN?
—— Meiner Meinung nach die Casa Milà (La Pedrera), die Casa Batlló, die Casa Viçens, die Plaza de España, den Font Màgica am Montjuïc, den Parc Güell und die Sagrada Família. Das müssen Sie unbedingt gesehen haben. Außerdem im Viertel El Raval: das Palau Güell, den Mercat de la Boquería und das Palau de la Virreina. Und im Barri Gòtic, dem interessantesten Teil der Stadt: die Kathedrale, Plaça Reial, Plaça de Sant Jaume, Plaça del Pí, Catedral de la Santa Creu und Santa Eulàlia.

WELCHES HOTEL IST DAS CHARMANTESTE DER STADT?
—— Das **Hotel Arts** (Carrer de la Marina 19/21, *hotelartsbarcelona.com*) wegen seiner einmaligen Lage, der tollen Aussichten und Restaurants und dem außerordentlichen Service. Und **The Barcelona Edition Hotel**

(S. 44), ein intimes Haus im Herzen der Stadt.

WO KAUFEN SIE GERNE EIN?
—— Wenn ich auf der Suche nach hübschen Dingen zum Anziehen bin, gehe ich zu **Jofré** (Carrer de Bori i Fonestà 2, *jofre.eu*), die haben echt gute Sachen für Kinder, Männer und Frauen. Oder zu **Noténom** (Carrer de Pau Claris 159, *notenom.com*), einem Multibrandstore, der für Männer und Frauen immer wieder außergewöhnliche Labels präsentiert. Und für Luxusmode aus zweiter Hand empfehle ich **Cotton Vintage** (Carrer d'Enric Granados 26, *cottonvintage.es*): eine große Auswahl an Schuhen, Handtaschen und Accessoires für Frauen. Der **Luzio Concept Store** (Carrer de Ferran Agulló 16/18, *luzio.es*) und das **Azul Tierra** (Carrer de Còrsega 276, *azul tierra.es*) sind außergewöhnlich schöne Einrichtungsläden.

VERRATEN SIE UNS IHRE LIEBSTEN, ETWAS WENIGER BEKANNTEN PLÄTZE DER STADT?
—— Die **Plaça de San Felip Neri** im Barri Gòtic, das **Convent de Sant Agustí** (Plaça de Sant Agustí, *conventagusti.com*), der tolle Irrgarten **Parc del Laberint d'Horta** (Passeig dels Castanyers 1, der **Augustus**-Tempel (Carrer del Paradís 10) und die **Casa de les Punxes** (S. 56).

WAS SOLLTE MAN IN BARCELONA IMMER KAUFEN?
—— Irgendetwas vom FC Barcelona, er ist ja einer der wichtigsten Fußballclubs in Europa. Es gibt einen offiziellen Clubshop.

WO ENTSPANNEN SIE AM LIEBSTEN?
—— In den **Aire Ancient Baths Barcelona** (S. 48). Andere Orte, an denen man auch schön relaxen kann, sind die **Bunkers del Carmel** (S. 80), die Strände der Barceloneta, der **Jardí Botànic Garden** (Carrer Doctor Font I Quer, *museuciencies.cat/el-nat/les-seus/jardi-botanic-de-barcelona/*), der **Font Magica** am Montjuïc (S. 100), der **Parc Güell** (S. 72), im **Recinte Modernista de Sant Pau** (Carrer de Sant Antoni Maria Claret 167, *santpaubarcelona.org*) oder im **Parc de Cervantes** (Avinguda Diagonal 706). Wenn Sie sich trauen, mit der U-Bahn zu fahren ... im **Museu Can Tinturé** (Carrer de l'Església 36, *museus.esplugues.cat*) und am **Pont del Petroli.**

UND WOHIN FAHREN SIE, WENN SIE MAL RAUS AUS DER STADT WOLLEN?
—— Nach **Sitges**, es liegt am Meer, nicht weit von Barcelona entfernt. Wenn Sie die Berge mögen, sollten Sie das **Kloster Montserrat** (*abadiamontserrat.net*) besuchen.

1—Plaça de Catalunya
2—Casa Battló
3—Baldomero
4—Casa Milà
5—Casa de les Punxes
6—Granja Petitbo
7—Three Marks Coffee
8—Oma Bistrò
9—Bohl
10—Hawker 45
11—Cinc Sentits
12—Disfrutar
13—Mont Bar

PASSEIG DE SANT JOAN

AVINGUDA DIAGONAL

CARRER DE SARDENYA

CARRER DE MALLORCA

CARRER D'ARAGÓ

CARRER DE NÀPOLS

PLAÇA DE TETUAN

AVINGUDA DIAGONAL

CARRER DE PROVENÇA

PASSEIG DE GRÀCIA

CARRER DE ROGER LLÚRIA

CARRER D'AUSIAS MARC

CARRER DE VALÈNCIA

CARRER DEL CONSELL DE CENT

CARRER DE LA DIPUTACIÓ

RONDA DE SANT PERE

PARC DE LA CIUTADELLA

CARRER DE VILLARROEL

CARRER DEL COMTE D'URGELL

CARRER DEL COMTE BORRELL

CARRER DE VILADOMAT

CARRER D'ENTENÇA

GRAN VIA DE LES CORTS CATALANES

PLAÇA DE CATALUNYA

LA RAMBLA

14—Pepa Pla
15—El Viti
16—Morro Fi
17—177 Kensington
18—Loewe
19—Estrany de la Mota
20—Templo de la Sagrada Familia
21—Projecte SD
22—Casa Bonay
23—Cotton House Hotel

3

EIXAMPLE

Barcelonas Neustadt wurde vom Stadtplaner Ildefons Cerdàs auf dem Reißbrett konstruiert: breite Boulevards, riesige moderne Büro- und Wohnblocks mit beeindruckenden Fassaden, zahlreiche Nobelboutiquen. Und die prachtvollsten Zeugnisse der Modernisme-Architektur, die am Passeig de Gràcia zu bewundern sind. Hier kann man auch auf den Spuren von Antoni Gaudí und seinen Kollegen wandeln. La Dreta, die rechte Seite des Eixample, liegt zwischen dem Passeig de Gràcia und dem Passeig de Sant Joan und ist ein beliebtes Wohngebiet. L'Esquerra de l'Eixample, die linke Seite, erstreckt sich südwestlich vom Passeig de Gràcia. Das Gebiet zwischen Carrer d'Aribau, Passeig de San Joan, Avinguda Diagonal und der Ronda de Sant Pere wird wegen seiner extravaganten, prächtigen Gebäude auch »Quadrat d'Or«, goldenes Viereck, genannt.

Startpunkt ist die ◇1 **Plaça de Catalunya**. Nehmen Sie von hier aus den Passeig de Gràcia im Nordwesten des Platzes. Auf dem Boulevard haben sich einige der teuersten Boutiquen und Restaurants der Stadt niedergelassen. An der Kreuzung Carrer del Consell de Cent finden Sie einen sehr originellen Häuserblock, der die unterschiedlichsten Werke des Mordernisme vereint. »La Manzana de la Discòrdia« wird er deswegen genannt. Am fantastischsten ist Gaudís ◇2 **Casa Battló** (Nummer 43). 1896 wurde sie von Josep Vilaseca erbaut, 1904 beauftragte der Textilfabrikant Battló Gaudí mit dem Umbau des Gebäudes. Wie die meisten Bauwerke, die der herausragende Architekt gestaltete, erzählt auch dieses eine Geschichte: die Legende des Drachentöters und Nationalheiligen Sant Jordi (heiliger Georg). Das Dach des Hauses ist wie der Drachenrücken geformt, der Sims in Form von Schuppen angelegt. Das Kreuz auf dem Dach symbolisiert die Lanze des Heiligen. Wer jetzt schon hungrig ist: Abstecher nach links in den Carrer de Mallorca, dann in den Passatge de Mercader rechts abbiegen. Das Restaurant ◇3 **Baldomero** (Nr. 16) serviert feine mediterrane Küche in Country-House-Atmosphäre. Zurück auf den Passeig de Gràcia: An der Kreuzung mit dem Carrer de Provença stoßen Sie auf ein weiteres beeindruckendes Gebäude: Gaudís ◇4 **Casa Milà** (Nummer 92), wegen seiner unregelmäßigen Fassade auch als La Pedrera (Steinbruch) verspottet.

Ein Büro- und Wohnhaus, das zwischen 1905 und 1910 erbaut wurde, mit wellenförmigem Dach, geschwungener Fassade, gewaltigen Lüftungskaminen und Balkonen mit runden Fenstern. Jetzt in Richtung Osten auf den Carrer de Provença abbiegen, bis Sie zur Avinguda Diagonal kommen. Linker Hand erblicken Sie einen der größten Jugendstilpaläste der Stadt: die schlösschenartige ◇5 **Casa de les Punxes** (Avinguda Diagonal 420) des Architekts Josep Puig i Cadafalch mit ihren sechs Spitzentürmen. Im Inneren des Hauses mit spannenden architektonischen Details erfährt man alles über die Legende von Sant Jordi. Sie biegen nun aber rechts ab, in den Carrer del Bruc. Kleiner Schwenk nach rechts in den Carrer del Mallorca, um einen Blick auf die beeindruckende Fassade der Casa Thomas (Nr. 291–293) zu werfen, erbaut von Domènech i Montaner. Umkehren und in Richtung Osten weiter bis zum Carrer de Bailèn, dann links in den Carrer d'Aragó, bis Sie auf den Passeig de Sant Joan stoßen. Kaffee- oder Smoothiepause im lässigen Retro-Café ◇6 **Granja Petitbo** (Nr. 82). Frisch gestärkt nehmen Sie jetzt den Passeig de Sant Joan in Richtung Norden, zu einer der meistbesuchten Attraktionen des Landes. Kurz nachdem Sie den Avinguda Diagonal überquert haben, passieren Sie rechter Hand den Palau Macaya, erbaut von Puig i Cadafalch. Highlight: der traumhafte Innenhof. Und dann rechts in den Carrer de Mallorca abbiegen, zu Barcelonas Wahrzeichen: der Sagrada Familia (S. 63).

Linke Spalte: Spektakulär: der Blick
zur Decke im Inneren der Sagrada
Familia. Das Granja Petitbo besticht
mit Vintage-Vibes und einem
sagenhaften Brunch-Angebot (unten)

Rechte Spalte: Blick über das Viertel
Eixample (oben). Beliebt bei Vegetariern
und Veganern: das Lokal Bohl (Mitte).
Ein echtes Erlebnis: die Sterneküche im
schicken Restaurant Cinc Sentits (unten)

Der Name trügt: Das Oma Bistro
ist alles andere als altbacken

ESSEN UND TRINKEN

FRÜHSTÜCK

⟨7⟩ Three Marks Coffee
Carrer d'Ausiàs Marc 151
threemarkscoffee.com
Cooles Café im Besitz von drei
Freunden, zwei heißen Marco,
einer Marc. Der Stil des Lokals:
hell und puristisch mit viel

Weiß und Grau, überall liegen
Bücher, in denen man gemütlich schmökern kann. Auf
der Karte stehen neben hervorragenden Kaffeesorten
köstliches Gebäck, Sandwiches
und leichte Lunchgerichte.

⟨8⟩ Oma Bistrò
Carrer del Consell de Cent
Gemütliches Lokal mit großen
Fenstern, knallbunten Stühlen
und bequemen Sofas. Unbe-
dingt probieren: Eggs Benedict
und French Toast. Auch eine
ziemlich beliebte Lunch-Loca-
tion, vor allem wegen der
Poke Bowls – und die Kuchen-
auswahl kann sich ebenfalls
sehen lassen!

LUNCH

⟨9⟩ Bohl
Carrer de Trafalgar 47
bohl.co
Gut zu wissen: In diesem
cleanen und trotzdem heimelig
eingerichteten kleinen Lokal
in warmen Braun- und Grau-
tönen gibt es eine wirklich
tolle Auswahl für Vegetarier
und Veganer. Die Bowls sind
sehr zu empfehlen, besonders
Lalalafel und Julie's Bibimbap.
Wer zum Frühstücken kommt,
muss unbedingt einen
der Porridges versuchen.

Köstliche Kaffeesorten, stilvolle Optik:
Das Three Marks Coffee ist
nicht nur bei Bloggern sehr beliebt

Lieblingslokal
der Foodies,
am besten
zum Dinner
reservieren:
das Disfrutar

⑩ Hawker 45

Carrer de Casp 45

hawker45.com

Köchin Laila Bazahm verköstigt ihre Gäste mit einer außergewöhnlichen Mischung aus lateinamerikanischem und asiatischem Streetfood. Bestellen Sie das Tasting Menu – sechs kleine Gänge, von der Küche ausgewählt! (35 €)

Lustige Stimmung garantiert: Im Hawker45 kommt Fusionküche auf den Tisch

DINNER

⑪ Cinc Sentits

Carrer d'Enteça 60

cincsentits.com

Kult-Koch Jordi Artal verwöhnt seine Fans in seinem Lokal der »Fünf Sinne«. Auch wenn Sie nur das »kleine Menü« mit acht Gängen (99 €) bestellen, erleben Sie die ganze Bandbreite der Kunst dieses Autodidakten, der mit den einfachsten Zutaten innovative Haute Cuisine zaubert. Gut zu wissen: Hier können Sie nicht à la Carte bestellen! PS: Auch das Mittagsmenü für 55 € lohnt sich.

⑫ Disfrutar

Carrer de Villarroel 163

disfrutarbarcelona.com

Eine der beliebtesten Gourmet-Adressen der Stadt – mit zwei Michelin-Sternen gekrönt. Kein Wunder – die Köche gingen in Ferran Adriàs Kult-Restaurant El Bulli zur Schule.

Und haben sich bei ihren teils ungewöhnlichen Kreationen von ihrem Meister inspirieren lassen. Auch der Service ist auf den Punkt.

⑬ Mont Bar

Carrer de la Diputació 220

montbar.com

Elegante Bar mit schick gekacheltem Boden, an den Wänden stapeln sich kostbare Flaschen in den Regalen. Zu sehr feinen Weinen serviert Besitzer Ivan Castro mit seiner Frau eine äußerst delikate und

Herzhaftes gibt's im Pepa Pla

originelle Tapas-Auswahl. Auf jeden Fall reservieren!

⑭ Pepa Pla

Carrer d'Aribau 41

Romantische Gastro-Bar in einem früheren Buchladen, in den ehemaligen Bücherregalen thronen heute Weinflaschen. Die besten Plätze sind im hinteren Teil, in der Nähe der offenen Küche. Auf jeden Fall Platz für einen Nachtisch lassen – das Pistazien-Tiramisu ist himmlisch!

DRINKS UND AUSGEHEN

⑮ El Viti

Passeig de Sant Joan 62

elviti.com

Coole Bar im Industrial Style mit hohen Decken und

gekachelten dunklen Wänden. Wer nach dem dritten Drink wieder hungrig wird, bekommt anständige Tapas zu fairen Preisen serviert. In den warmen Monaten kann man auch wunderbar draußen sitzen.

⑯ Morro Fi

Carrer del Consell de Cent 171
morrofi.cat
Kleine Wermut-Bar mit relaxter Atmosphäre, die zum Aperitivo kalte Snacks wie köstliche Sardellen, eingelegte Chilischoten und Oliven zu realen Preisen anbietet. Hier ist immer viel los – die Bar wird nämlich besonders gerne von Einheimischen besucht.

EINKAUFEN

⑰ 177 Kensington

Carrer de París 177
177kensington.com
Das Geschäft von Cristina Cañardo und ihrem Team öffnete 1970 seine Pforten, heute ist es einer der wichtigsten Läden der Stadt für Vintage-Furniture und Design: In erster Linie werden hier Möbel, Leuchten, Dekorationsobjekte und Kunstwerke aus dem 20. Jahrhundert verkauft, wobei ein besonderer Schwerpunkt auf Objekten aus den

1950er- und 1960er- Jahren liegt. Sie stammen größtenteils von prominenten spanischen und internationalen Künstlern und Designern.

⑱ Loewe

Passeig de Gràcia 35
loewe.com
Die Boutique einer der ältesten und trendigsten Modefirmen Spaniens residiert standesgemäß in der Casa Lleó Morera, die Domènech i Montaner konzipierte. Auffällig sind die modernistischen Fassadenreliefs. Wenn Sie Lust haben, Geld auszugeben: Die Taschen von Loewe sind jede Saison ein absoluter Renner!

Die Unvollendete ...
Gaudís Meisterwerk
Sagrada Familia

Ein Harry-Potter-Schloss mitten in Barcelona: die Casa de les Punxes

Obwohl schon 1882 mit dem Bau begonnen wurde, ist die Kathedrale bis heute nicht fertiggestellt – das soll bis 2026 passieren, obwohl niemand so richtig daran glaubt. Die zwölf Türme an den drei Fassaden stehen für die zwölf Apostel, es gibt allerdings

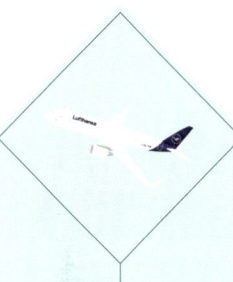

KUNST UND KULTUR

 Estrany de la Mota
Passatge de Mercader 18
estranydelamota.com
Coole Keller-Galerie, die von der hippen Artsy-Szene oft frequentiert wird: Hier stehen wegweisende wechselnde Ausstellungen moderner Kunst auf dem Programm, mit Schwerpunkt auf Fotografie und Film, unter anderem von Esko Männikkö oder Douglas Gordon.

⑳ **Templo de la Sagrada Familia**
Carrer de Mallorca 401
sagradafamilia.org
Nachdem Gaudí die Casa Milà fertiggebaut hatte, beschäftigte er sich bis zu seinem Tod im Jahr 1926 vor allem mit dem Bau dieser Kathedrale, die die Stile der Neugotik und der Moderne in sich vereint. Sie gilt als Lebenswerk des Architekten. Und ist eines der Wahrzeichen von Barcelona.

In-Lokal im Kolonialstil: das Restaurant Batuar im Hotel Cotton House

noch weitere fünf, die für die Jungfrau Maria und die vier Evangelisten stehen. Antoni Gaudí wünschte sich, dass die Kirche nicht höher als Barcelonas Hausberg Montjuïc (180 Meter) werden sollte. Doch als er starb, waren gerade mal die Wände der Apsis, die Krypta, ein Turm (über dem Ostportal, der dem heiligen Barnabas gewidmet war) und das Portal fertig ... Was sollte man hier auf jeden Fall besichtigen? Die Geburtsfassade, die Passionsfassade und das Meseu Gaudí. Wichtig: Unbedingt vorher Tickets online kaufen – sonst stehen Sie stundenlang an! Und wenn möglich auf gar keinen Fall am Wochenende kommen.

Mit viel Liebe zum Detail eingerichtet: Zimmer in der Casa Bonay

 Projecte SD

Passatge de Mercader 8

projectesd.com

Außergewöhnliche Location: Hier stehen die bisweilen skurrilen, verblüffenden Skulpturen des Düsseldorfer Künstlers Hans-Peter Feldmann neben den Rauminstallationen des US-Amerikaners Matt Mullican, den strengen Foto- und Filmstudien der Katalanin Patricia Dauder oder den Werken der in Brüssel lebenden Spanierin Dora García, die in ihren Performances und Installationen den Kunstbetrieb selbst ins Visier nimmt.

SCHLAFEN

⌄

22 **Casa Bonay**

Gran Via de les Corts Catalanes 700

casabonay.com

Gelungene Mischung aus mediterraner Lässigkeit und Village-Hipster-Flair in einem Wohnhaus aus dem 19. Jahrhundert. Die Bar Libertine ist ein beliebtes Hangout bei den Locals. Einige der Zimmer verfügen über verglaste Balkone oder Terrassen, in den Bädern finden Sie Produkte der beliebten Kosmetikmarke Malin+Goetz. Weiterer Pluspunkt: die coole Rooftop-Terrasse, perfekt für einen oder mehrere Sundowner. DZ ab ca. 115 €

23 **Cotton House Hotel**

Gran Via de les Corts Catalanes 670

hotelcottonhouse.com

Dieses Haus verkörpert einen gelungenen Mix aus kolonialem Flair und modernem Design. Der Name des Fünf-Sterne-Hotels spielt auf die Vergangenheit des neoklassizistischen Gebäudes an: Hier versammelten sich einst die Baumwollhändler der Stadt. Viele originale Bauelemente sind erhalten geblieben, darunter die imposante Freitreppe aus Marmor, die Parkettböden und einige Holzpaneele an den Wänden. Auch die Zimmer sind recht hochherrschaftlich, mit kostbaren Möbeln und Ortigia-Produkten in den Bädern. DZ ab ca. 800 €.

LUCY CHEYNEY

Die Britin verlor ihr Herz an Barcelona – und eröffnete
in Gràcia eine wundervolle vegane Oase: Wild Lulita (S. 74)
ist eine Art gesundes kulinarisches Versuchslabor. Und
ein unglaublich liebevoll eingerichteter Bioladen. Zugleich
das Herzensprojekt von Lucy Cheyney, mit dem sie nachhaltigen
Lebensstil fördern will, bei dem die Sinnlichkeit aber nicht
zu kurz kommen soll. In ihrer kreativen Küche zaubert sie unter
anderem traumhafte vegane und glutenfreie Kuchen.
Außerdem unterstützt sie mit viel Energie andere Frauen, die
in der kreativen Szene Barcelonas mitmischen.

WELCHES IST IHR LIEBLINGSVIERTEL? _____

____ Ich habe mich in **Gràcia** verliebt. Und habe dort vor Kurzem mein Café **Wild Lulita** (S. 74) eröffnet. Außerdem bin ich in das Viertel gezogen. Jeden Tag entdecke ich ein bisschen mehr von seinen charmanten Ecken. Hier gehen die Uhren etwas langsamer. Wunderbare kleine Boutiquen, viel Kreatives und großartiges Essen. Man fühlt sich ein bisschen wie in einer Kleinstadt. Die Plätze sind sehr romantisch. Setzen Sie sich irgendwo dort hin und lassen Sie die Welt an sich vorbei- ziehen. Nicht zu vergessen, die köstlichen Gerüche der kleinen Restaurants, die Ihnen in den Gässchen in die Nase steigen werden …

WOHIN GEHEN SIE GERNE ZUM FRÜHSTÜCK? _____

____ Das **Les Filles Café** (S. 74) hat gerade aufgemacht und es ist wirklich toll! Sehr schöne Räumlichkeiten, Frühstücks- Klassiker mit großartigem Kaf- fee von Slow Mov und perfekter Service.

UND WAS SIND IHRE FAVORITEN FÜRS MITTAGESSEN? _____

____ Sie müssen unbedingt das **Yakumanka** (Carrer de València 207, *yakumanka.com*) auspro- bieren. Das Lokal bietet eine außergewöhnliche Karte, die immer wieder wechselt. Dazu exzellenten Service und die besten Ceviche, die ich je irgendwo gegessen habe.

IHRE TIPPS FÜRS DINNER? WAS BESTELLEN SIE DORT AM LIEBSTEN? _____

____ Es hat zwar leider keine spanische Küche, aber der sexy Vibe und die delikaten Cocktails im **Robata** (Carrer d'Enric Gra- nados 55, *robata.es*) sind un- schlagbar. Es serviert wirklich die besten Sushis in der Stadt. Ich bestelle mir immer einen

Passion Fruit Pisco Sour und Tataki de Atún.

WOHIN SOLLTE MAN IN BARCELONA AUSSERDEM NOCH ZUM ESSEN GEHEN? ____

____ Ins **Lluritu** (S. 74)! Wahn- sinn, ein wirklich toller Laden! Das Essen dort ist fantastisch … nicht von dieser Welt. Die Sea- food-Tapas sind außergewöhn- lich, dazu köstlicher Wein. Was Sie unbedingt bestellen müssen? Die Almejas Picantes, scharfe Venusmuscheln mit frischen Limetten.

IHRE LIEBSTE TAPASBAR? ____

____ Zurzeit mag ich die **Gula Bar** (Carrer del Dr. Rizal 20, *gulabar.com*) besonders gerne. Sie ist ein bisschen eng und shabby, die Stimmung ist aller- dings immer großartig.

Sie müssen unbedingt das Restaurant Yakumanka ausprobieren

WAS IST DIE BESTE BAR FÜR EINEN ORDENTLICHEN DRINK? _____

____ **14 De La Rosa** (S. 76), klein und sehr sexy. Ein wunderbarer Ort für eine Date Night! Klassi- sche Cocktails, köstliche kleine Häppchen und großartiger Ser- vice! Sie werden den Southside Cocktail lieben!

WAS SIND DIE BESTEN ORTE, UM IN DIE KUNSTWELT BAR- CELONAS EINZUTAUCHEN? ____

____ Die **Fundació Joan Miró** (S. 104) auf dem Montjuïc liegt sehr idyllisch, ist ein Klassiker und immer einen Besuch wert. Ich versuche, überfüllte Plätze zu vermeiden …

WELCHE ANDEREN SEHENS- WÜRDIGKEITEN SIND EIN MUSS? _____

____ Alle Gärten auf dem Mont- juïc sind wunderbar, ein bisschen verwunschen und nicht besonders voll. Mit vielen kleinen geheimen Pfaden und zauberhaften Teichen, in denen Lilien schwimmen. Stehen Sie am besten früh auf und unternehmen Sie dort einen Spaziergang, wirklich himmlisch.

WELCHES IST DAS CHARMANTESTE HOTEL DER STADT? ___
___ Ich liebe die neue Terrasse des **Barcelona Edition** (S. 44). Außerdem die **Yurbban Hotels** (S. 48) – kleine, feine Häuser; man hat nie das Gefühl, dass es dort zu voll ist. Und sie sind irgendwie fancy, vor allem, wenn man Lust auf einen Sundowner auf der Terrasse hat.

WO KAUFEN SIE BESONDERS GERNE EIN? _____
___ Das ist eines der Dinge, warum ich mein Viertel Gràcia so wunderbar finde: Es hat einfach alles! Ich liebe Pflanzen und hübsche Kleinigkeiten, deswegen shoppe ich oft bei **Muguet** (Carrer de Puigmarti 5, *muguetflorista.com*), **Home on Earth** (Carrer de la Boqueria 14, *homeonearth.com*) und **Grey Street** (Carrer del Peu de la Creu 25, *greystreetbarcelona.com*) – alle drei Läden führen nämlich die perfekte Kombi aus diesen Dingen.

VERRATEN SIE UNS IHREN LIEBSTEN VERSTECKTEN ORT IN BARCELONA? _____

___ Spazieren Sie zum Gipfel des **Parc del Turó del Putxet** (Carrer de Manacor 9), und zwar zum Sonnenuntergang. Dort oben weht immer eine herrliche Abendbrise und der Blick über die Stadt ist magisch, wenn die Sonne untergeht.

WAS SOLLTE MAN IN DER STADT IMMER KAUFEN? _____
___ Eigentlich würde ich sagen, irgendetwas, was mit Essen zu tun hat. Aber ich habe so viel wunderschöne sinnliche Kunst entdeckt, die in dieser Stadt von kreativen Frauen geschaffen wird. So was würde ich kaufen! Barcelona hat auch gerade einen »keramischen Moment«, so tolle handgemachte Stücke! Lassen Sie sich treiben und shoppen Sie etwas Einzigartiges in einem der vielen Shops der Kreativen.

> *Sant Pol de Mar ist das am schlechtesten gehütete Geheimnis Barcelonas*

WO ENTSPANNEN SIE AM LIEBSTEN? _____
___ Entweder tauche ich in die Natur mit ihren Bäumen ein, oder ich gehe in den Full-Spa-Modus. Wenn Sie die Natur

Gula Bar

lieben: Nehmen Sie den Schnellzug zum **Collserola Parc,** wo Sie völlig vergessen, dass Sie sich am Rande einer Millionenstadt befinden. Wenn Sie Lust auf einen tollen Spa haben, dann muss es das einzigartige **Aire Barcelona** (S. 48) sein. Gönnen Sie sich auf jeden Fall eine Massage! Dieser Ort belebt mich immer wieder!

UND WENN MAN MAL RAUS WILL AUS DER STADT? _____
___ Dann ist die Frage: Berge oder Meer? Wenn ich mich nach Grün sehne, steige ich ins Auto und fahre zum **Montseny Parc** oder nach **Siurana**. Wanderungen, Wasserfälle und glasklare Seen zum Schwimmen. **Sant Pol de Mar** ist das am schlechtesten gehütete Geheimnis Barcelonas. Eine Stunde mit dem Zug und Sie befinden sich in einem kleinen, verschlafenen und hübschen Strandort. Sauberer Sand, Surfen im türkisfarbenen Wasser und köstliche Restaurants am Meer.

PARC
DEL GUINARDÓ

24

AV. DE L'ESTATUT DE CATALUNYA

CARRER DE
LES CAMÈLIES

RONDA DEL GUINARDÓ

1
2

PARC
GÜELL

CARRER DE LARRARD

TRAVESSERA DALT

CARRER DEL CARDENER

CARRER DE LA
PROVIDÈNCIA

CARRER DE PI I MARGALL

CARRER DE SARDENYA

CARRER DE SANT SALVADOR

CARRER DE RABASSA

3

22

CARRER DE LA
PROVIDÈNCIA

13

CARRER DEL TORRENT DE LES FLORS

TRAVESSERA DE GRÀCIA

CARRER DE
CÓRSEGA

23

CARRER DE NÁPOLS

12

CARRER
DEL ROBÍ

CARRER DE SANTA
ÀGATA

4

CARRER DEL TORRENT
D'EN VIDALET

AVINGUDA DE LA RIERA DE CASSOLES

CARRER DE TORRENT DE L'OLLA

10

5

21

6

CARRER DE TEROL

PASSEIG DE SANT JOAN

CARRER DE CÓRSEGA

CARRER GRAN DE GRÀCIA

TRAVESSERA DE GRÀCIA

8
7

CARRER DE VIC

CARRER DE GOYA

CARRER
DE FERRER
DE BLANES

CARRER DE BONAVISTA

17

VIA AUGUSTA

15

19
16
18

CARRER DE BONAVISTA

20

14

AVINGUDA DIAGONAL

11
9

4

GRÀCIA & PARC GÜELL

Gràcia wurde Anfang des 17. Jahrhunderts gegründet –
damals ein Gebiet mit ein paar Landhäusern und Klöstern.
Mit der aufkommenden Industrialisierung wurde der moder-
nistische Stadtteil Eixample gebaut, der Barcelona mit
Gràcia verband. Und das Dorf wurde trotz Widerstands
seiner Bewohner 1897 an Barcelona angeschlossen. Heute
wohnen hier vor allem Künstler und junge Familien. Gràcia
beginnt an der Avinguda Diagonal und erstreckt sich bis
zum Aufstieg auf den Tibidabo-Berg, einen der Hausberge
von Barcelonas, bekannt durch seinen Vergnügungspark
und die katholische Kirche Sagrat Cor. Ein Markenzeichen
von Gràcia sind seine zahlreichen schönen Plätze,
die nicht nur das Lebensgefühl der Bewohner ausdrücken,
sondern dem Stadtteil auch einen unverwechselbaren
Charme verleihen. Der faszinierende, surreale Park Güell
liegt nördlich von Gràcia – hier lebte sich Gaudí als
Landschaftsgärtner aus.

Fangen Sie am besten mit dem märchenhaften ① **Park Güell** (Carrer d'Olot 7) etwas nördlich von Gràcia an: Einem faszinierenden Ort mit Pfaden, Brücken, Mauern und Bänken, der im Jahr 1900 entstand, als Graf Eusebi Güell den Hügel El Carmel erwarb. Tipp: Früh kommen, um die Touristenmassen zu vermeiden! Der Graf beauftragte Gaudí mit dem Bau einer Wohnsiedlung mit 60 eleganten Villen, nach dem Vorbild einer englischen Gartenstadt. Doch wegen mangelndem Interesse der Käufer wurde das Projekt ein Flop und 1914 gestoppt. Bis dahin hatte Gaudí drei Häuser gebaut, in einem lebte er bis zu seinem Tod im Jahr 1926. Hier, im ② **Museum Casa-Museu Gaudí** (Carretera del Carmel 23a) kann man auch von ihm entworfene Möbel und Devotionalien besichtigen, unter anderem auch seine Totenmaske. Der größte Teil des Parks ist ohne Eintritt zugänglich, wer aber den Eingangsbereich mit dem Salamander, der berühmten geschwungenen Parkbank und die Markthalle mit der Mosaikdecke sehen will, muss zahlen. Für den ticketpflichtigen Teil des Parks unbedingt vorher Online-Tickets kaufen. Beste Aussichten auf Barcelona hat man vom Turó des Calvari aus. Beliebte Fotomotive: die Sala Hipostíla mit ihren dorischen Säulen und der bunte Salamander-Brunnen. Jetzt steht ein kurzer Fußmarsch an. Nehmen Sie den Carrer de Larrad in südlicher Richtung, bis Sie auf den Travessera de Dalt stoßen, biegen Sie rechts ab und dann links in den Carrer de Rabassa. Kurze Tapas-Pause bei ③ **Gata Mala** (Nr. 37), danach den Carrer de Rabassa weiter in Richtung Süden gehen. Links auf den Carrer de la Providencia abbiegen. In den Carrer de l'Escorial und dann rechts in den Carrer de l'Encarnacio, bis Sie zur ④ **Plaça de la Virreina** mit ihren Plantanen und der Kirche Església de San Joan gelangen. Von hier aus in Richtung Süden über den Carrer de Torrijos. Kleine Pause bei ⑤ **La Besneta** (Nr. 37), um ein oder zwei süße Törtchen zu verzehren. Danach auf einen schnellen Kaffee zu ⑥ **Mama's Cafe** (Nr. 26). Rechts abbiegen in den Carrer de Ramón y Cajal, der zum Carrer de Maspons wird. Rechts in den Carrer de Pere Seraff, links in den Carrer de Ros de Elano und über den Carrer del Cigne zum Lebensmittelmarkt ⑦ **Mercat de la Lliberat**. Lust auf feinste Seafood-Tapas? Kehren Sie am Stand El Tast de Joan Noi ein. Wer Käse liebt, schwenkt vor dem Markt allerdings kurz nach links, in die Carrer de Berga: In der ⑧ **Fromagerie Can Luc** (Nr. 4) geht der köstlichste Käse der Stadt über den Verkaufstresen.

Im Uhrzeigersinn: In Gaudís ehe-
maligem Haus im Park Güell befindet
sich heute ein Museum. Wahrzeichen:
Der bunt gefließte Salamander-
Brunnen am Eingang des Park Güell.
Nachbarschaftstrefft: Mama's Cafe.
Die Plaça de la Virreina mit
der Església de San Joan. Shopping-
Hotspot: Mushi Mushi

ESSEN UND TRINKEN

⌄

FRÜHSTÜCK

⑨ Les Filles
Carrer de Minerva 2
lesfillesbarcelona.com
Himmlisch für Interieur-Fans: mit viel Liebe zum Detail designtes Lokal, die malerische, blumengeschmückte Terrasse ist eine der hübschesten der Stadt. Man könnte hier Stunden verbringen, Leute gucken – und schlemmen ... Denn auch die Speisekarte ist wirklich außerordentlich fein: Homemade Granola, und

Avocado Tartine sind morgens sehr zu empfehlen; wer zum Lunch bliebt: »schwarze« Spaghetti oder Hamburger bestellen. Das Fleisch kommt natürlich nur von nachhaltigen Betrieben. Und selbstverständlich stammt auch der Kaffee aus ökologischem Anbau.

⑩ Wild Lulita
Carrer de l'Or 6
wildlulita.com
Wer auf der Suche nach veganen Leckereien ist – hier sind Sie goldrichtig. Die Britin Lucy Cheyney verkauft in ihrem niedlichen Café schmackhafte vegane Kuchensorten wie Limon Amor Mousse Cake oder Sticky Fudge Brownie. Dazu gibt es frische kaltgepresste Säfte, unser Favorit: Aphrodite aus Birne, Gurke, Spinat und Sellerie.

LUNCH

⑪ Berbena
Carrer de Minerva 6
berbenabcn.com
Simpel und doch mondän: Das intime Restaurant mit nur ein paar wenigen Tischen setzt auf eine einfache, aber elegante mediterrane Karte, das Menü richtet sich nach den jeweiligen Jahreszeiten, wechselt täglich und enttäuscht Sie ganz bestimmt nicht. Dazu werden süffige Naturweine serviert.

⑫ The Hip Fish
Carrer de la Providència 1
thehipfish.com
Perfekt für ein schnelles Mittagessen: Die Poke Bowls, die man sich hier selber zusammenstellen kann und die Sushi-Burritos (Favorit: Liki-Liki) von der Karte sind die perfekte leichte Lunch-Option. Der Fisch stammt ausschließlich aus nachhaltigem Fischfang.

DINNER

⑬ Lluritu
Carrer del Torrent de les Flors 71
llurito.com
Wer Lust auf Seafood hat, sollte hier unbedingt zu

Turbotolle Terrasse: Les Filles

Lieblingsladen, nicht nur für Veganer: Wild Lulita

Abend essen. Die Einrichtung? Gemütlicher easy Retrostyle: Tische und Bar aus Marmor, gekachelter Boden, einfache, aber bequeme Holzhocker. Starten Sie mit frischen Austern, probieren Sie danach unbedingt die verschiedenen Muschelgerichte. Vorsicht: An der kleinen unscheinbaren Eingangstür läuft man leicht vorbei.

⑭ **Santa Gula**
Plaça de Narcis Oller 3
santagula.es
Wundervolle Mittelmeer-Küche mit Twist in luftigem Ambiente mit weiß gekachelten Wänden und Möbeln aus hellem Holz. Chefkoch Martin Marchese passt die wechseln-de Karte den Jahreszeiten an – auch die Desserts sind legendär. Im Sommer sollten

Sie unbedingt einen Tisch auf der Terrasse ergattern!

DRINKS UND AUSGEHEN

⑮ **Bar Bodega Quimet**
Carrer de Vic 23
barbodegaquimet.weebly.com

Ein verstecktes Juwel! Diese herzlich geführte, etwas altmodische Bodega ist so heimelig, dass man seinen Wein am liebsten jeden Abend hier trinken möchte. Dazu gibt's köstliche Kleinigkeiten wie Käse, Schinken, Anchovis, Austern und Oliven – besser geht's nicht.

⑯ Bloody Mary Cocktail Lounge

Carrer de Ferrer de Blanes 3
bloodymarybcn.com
Sensationell: Hier können Sie neun verschiedene Bloody Marys (versuchen Sie Bloody Thai) bestellen! Und natürlich jede Menge anderer Drinks, wie den sehr süffigen Kyoto Sour. Die kleine Bar überzeugt mit superfreundlichem (und kompetentem) Service. Außerdem sind die Sofas ultrabequem ...

⑰ 14 De La Rosa

Carrer de Martinez de la Rosa 14
14delarosa.com
Der klassisch stilvolle Treff mit Retrolook, der sich auf Old-School-Cocktails und Naturweine aus Katalonien spezialisiert hat. Dahinter steckt unter anderem Dean Shury, ehemaliger Chef-Barkeeper des hippen Londoner Chiltern Firehouse. Auch die kleine Bar-Karte passt perfekt zum Konzept!

EINKAUFEN

⑱ Boo

Carrer de Bonavista 2
boobcn.com
Besitzer Alex setzt auf die Qualität von traditionsreichen Labels und jungen Designern, made in Europe. Neben Mode und Accessoires (wir lieben die Taschen von Steve Mono) hat er Interieur, Bücher und Parfüms im Angebot. Benannt wurde der Laden übrigens nach Boo Radley, einer Figur aus dem Roman »Wer die Nachtigall stört«.

⑲ Wunderkammer Barcelona

Carrer de Francisco Giner 8
wunderkammerbarcelona.com
Der Name sagt alles ... wirklich wundervoller Einrichtungsladen, der traumhaftes Interieur im antiken Shabby-Style verkauft. Von Tischen und Stühlen über kostbare französische Gläser und handgemachtem Porzellan bis zu schweren gußeisernen Kerzenständern und allerlei außergewöhnlichen Deko-objekten. Vorsicht, Gefahr für Ihr Portemonnaie!

⑳ Mushi Mushi

Carrer de Bonavista 12
mushimushicollection.com
Très chic! Hübsche kleine Modeboutique im Besitz der Französin Virginie François. Auf den Kleiderstangen hängen feminine Labels wie Des Petit Hauts, Sessùn und Soeur. Dazu gibt es handgemachten Schmuck von Adriana Llorens und Mimi Scholer. Der Besuch lohnt sich!

Lässt Fashionista-Herzen höher schlagen: Boutique Boo

Eines unserer
Lieblingstreffs:
Cafe Les Filles

BOO

KUNST UND KULTUR

㉑ Casa Vicens
Carrer de les Carolines 20–26
casavicens.org
Eines der Vorreiter des Modernisme: Das Haus des reichen Aktienhändlers Manuel Vicens i Montaner mit seinen Türmchen und Erkern ist erst seit einigen Jahren der Öffentlichkeit zugänglich. Es war die erste Auftragsarbeit von Antoni Gaudí, die zwischen 1883 und 1885 entstand. An der Fassade, die mit üppigen Keramiken geschmückt ist, erkennen Sie bereits Gaudís prägnanten Stil, gepaart mit maurischen und

spanischen Einflüssen. In den Innenräumen können Sie tropfsteinartige Gewölbe bewundern, am auffälligsten im ehemaligen Raucherzimmer. Hübsch sind auch die mit Vögeln bemalten Wände. Pause gefällig? Im Innenhof befindet sich ein nettes Café.

㉒ Mecànic
Carrer de Verntallat 30
mecanic.eu
Xenia und Jean betreiben diese coole Location in einer alten Garage im Norden von Gràcia, die sich komplett der Fotografie verschrieben hat: heimelige Kaffeebar, Kunstbuch- und Coffeetablebookshop (viele sehr seltene Exemplare) und angesagte Galerie mit ausgesuchten Werken in einem. Ein wirklich inspirierender Ort mit wechselnden Ausstellungen. Schwerpunkt ist Dokumentarfotografie.

SCHLAFEN

㉓ Hotel Barcelona 1882
Carrer de Còrsega 482
hotelbarcelona1882.com
Hübsches Vier-Sterne-Hotel, nur etwa 400 Meter von der weltberühmten Sagrada Familia entfernt. Der Name des Hauses ist eine Hommage an Antoni Gaudí, der 1882 mit dem Bau der Sagrada Familia begann. Vorbildlich: In dem elegant eingerichteten Hotel mit Pool und cooler Bar wird großer Wert auf Nachhaltigkeit gelegt. Das Hotelpersonal hilft außerdem unentgeltlich mittellosen Menschen, die Reparaturen aller Art benötigen. DZ ab ca. 89 €.

EXTRATIPP

㉔ Bunkers del Carmel
Carrer de Marià Labernià
Besonders tolle Aussichten hat man vom Turó de la Rovira im Stadtteil El Carmen. Die alten Betonquader oberhalb der Hänge waren während des Spanischen Bürgerkriegs Teil der Flugabwehrbatterie. Die junge Crowd trifft sich hier gerne zum Sonnenuntergang.

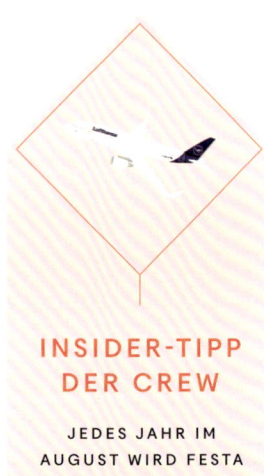

INSIDER-TIPP DER CREW

JEDES JAHR IM AUGUST WIRD FESTA MAJOR DE GRÀCIA GEFEIERT. DIE SCHÖNSTEN STRASSEN WERDEN PRÄMIERT.

Andre Battermann
Flugbegleiter

Einmaliger Mix aus Galerie und
Kunstbuch-Laden: Ein Besuch bei
Mecànic lohnt sich immer!

JORDI
ARTAL

Jordi Artal ist ein Mann vieler Talente. Er ist in Kanada geboren, arbeitete zehn Jahre lang als Marketing Chef eines Technologie-Unternehmens im Silicon Valley und kehrte dann in die Heimat seiner Eltern, nach Katalonien, zurück. Im Jahr 2004 eröffnete der Autodidakt sein Restaurant Cinc Sentits (S. 61) im Viertel Eixample. Mit von der Partie: seine Schwester Amèlia Artal. Seitdem wurde er mit einem Stern ausgezeichnet, und es regnet hymnische Rezensionen für seine avantgardistische katalanische Küche, die, wie schon der Name seines Lokals andeutet, alle fünf Sinne stimulieren soll.

Jordi Art

WELCHES IST IHR LIEBSTES VIERTEL?

—— Es gibt so viele großartige Viertel in Barcelona, jedes hat seinen ganz eigenen Charme. Ich verbringe wahrscheinlich die meiste Zeit in La Ribera. Hier gibt es eine vielfältige Auswahl an Geschäften und großartigen Cafés, in die Sie einkehren können. Außerdem Feinkostläden, die wundervolle Kirche **Santa María del Mar** (S. 40), das **El Born Centre de Cultura i Memòria** (Plaça Comercial 12, *elbornculturaimemoria.barcelona.cat*), das **Picasso**-Museum (S. 48) und so viel mehr ... In dieser Gegend liegen außerdem fast alle meiner liebsten Cocktailbars.

WOHIN GEHEN SIE GERNE ZUM FRÜHSTÜCKEN?

—— Ins **Morrow Coffee** (Gran Via de les Corts Catalanes 403, *morrowcoffee.com*), nicht weit weg von der Plaza España: echte Baristas, die ihre eigenen Röstungen servieren. Sie bekommen dort außerdem die vielleicht besten Croissants der Stadt und wunderbares süßes Gebäck. Und natürlich gibt es dort ein hervorragendes Pa amb tomàquet mit Jamón oder traditioneller Fuet-Wurst.

WAS EMPFEHLEN SIE UNS ZUM MITTAGESSEN?

—— Ich mag die **Mont Bar** (S. 61) ziemlich gerne. Sie sollten draußen auf der Terrasse sitzen, an einem kühlen Frühlings- oder Herbsttag. Hier stehen so viele Gerichte auf der Karte, die Sie unbedingt probieren müssen: von Hühnchen Canelon über Shrimp-Reis bis zum Jalapeño Tostada. Und lassen Sie bitte auf jeden Fall Platz für den Karottenkuchen – der übrigens nicht so aussieht, wie Sie sich einen Karottenkuchen vielleicht vorstellen.

UND WO SOLLTE MAN FÜRS ABENDESSEN RESERVIEREN?

—— Wenn ich einen Abend mal nicht im **Cinc Sentits** (S. 61) koche und mir danach ist, ordentlich Geld auszugeben, gönne ich mir ein elegantes Dinner im **Lasarte** (Carrer de Mallorca 259, *restaurantlasarte.com*). Der Service wirkt wie ein traumhaftschönes Ballett, das Restaurant wurde kürzlich renoviert, und das Essen ist eine exquisite Mischung aus Spanisch, Baskisch und Italienisch. Bestellen Sie den geräucherten Aal und die Foie-gras als Vorspeise. Ich ordere das immer zweimal.

WO SONST SOLLTE MAN IN BARCELONA ZUM ESSEN HINGEHEN?

—— Wenn Sie Lust auf Eis haben, gehen Sie zu **DelaCrem** (Carrer d'Enric Granados 15, *delacrem.cat*) – ich liebe die Sorten Pistazie und Panna. Für köstliche Kuchen ist die **La Pastisseria** (S. 24) die beste Adresse – dort bestelle ich meistens La Rosa dels Vents: mehrere Schichten Schokolade mit Passionsfrucht. Und Sie müssen **Direkte** (S. 90) gleich beim Mercat de la Boquería ausprobieren – hier wird das Essen gleich vor Ihren Augen von einem wundervollen Koch zubereitet.

WELCHE IST IHRE LIEBSTE TAPASBAR?

—— Die **Gresca Bar** (Carrer de Provença 230) gehört ganz bestimmt dazu. Rufen Sie vorher an, um sicherzustellen, dass Sie einen Platz an der Bar kriegen – dort bekommen Sie die beste Show in Barcelona. Sie werden dort viel Spaß haben! Und es gibt eine großartige Auswahl an bezahlbaren und Naturweinen. Die **Bodega 1900** (Carrer de Tamarit 91) mag ich auch sehr, Sie können dort eigentlich alles bestellen, jedes Gericht ist köstlich.

WO BEKOMMT MAN DIE BESTEN DRINKS GEMIXT?

—— Ich bin ein großer Fan von **Dr. Stravinsky** (Carrer dels

Pflegt die Traditionen: die Bodega 1900

Mirallers 5, *drstravinsky.cat*) in El Born. Dort werden Ihnen hippe Cocktails von versierten Barkeepern zubereitet; sie produzieren sogar ihre eigenen Schnäpse, Liköre und Kombuchas. Wenn Sie Lust auf einen Klassiker wie Manhattan, Martini oder Negroni haben, würde ich ins **Tandem** (Carrer d'Aribau 86) gehen, es ist sehr beliebt bei den Einheimischen, Atmosphäre und Gäste sind echt lässig.

WO KANN MAN DIE KUNST IN BARCELONA AM BESTEN ERLEBEN? _____

—— Es ist nicht sein umfangreichstes Museum, aber das **Picasso-Museum** (S. 48) ist der beste Ort der Welt, um seinen Weg vom klassisch ausgebildeten Maler zum post-impressionistischen Meister zu verfolgen. Es gibt auch eine sehr umfangreiche Auswahl von Werken aus seiner Blauen Periode.

WAS DARF MAN AUSSERDEM NICHT VERPASSEN? _____

—— Der Blick über die Stadt bei Sonnenuntergang von den **Bunkers del Carmel** (S. 80) ist fantastisch. Es braucht ein bisschen Zeit, um dorthin zu gelangen, aber es ist es wirklich wert!

WELCHES IST DAS CHARMANTESTE HOTEL DER STADT? ___

—— Ich empfehle Freunden, die Barcelona besuchen, immer das **Hotel Catalonia Magdalenes**

(Carrer de les Magdalenes 13, *cataloniahotels.com*). Die Lage in der Nähe der Kathedrale ist toll, die Zimmer sind groß und gut ausgestattet, das Gebäude selbst spiegelt ein bisschen römische Geschichte und Architektur wider, und vielleicht am wichtigsten: Es besitzt eine ausgezeichnete Rooftop-Bar mit Pool und DJs, die an den Wochenenden auflegen.

Der Blick über die Stadt von den Bunkers del Carmel ist fantastisch

WO KAUFEN SIE AM LIEBSTEN EIN? _____

—— Handgemachte Lederschuhe bei **Carmina** (Passeig de Gràcia 110, *carminashoemaker. com*). Gut sitzende Anzüge bei **Santa Eulàlia** (Passeig de Gràcia 93, *santaeulalia.com*). Weine und Schnäpse bei **Vila Viniteca** (Carrer dels Agullers 7, *vilaviniteca.es*). Käse und frischen Aufschnitt bei **La Teca** (Carrer de Calàbria 249). Möbel und Lampen bei **Pilma** (Avinguda Diagonal 403, *pilma.com*).

WAS SOLLTE MAN IMMER SHOPPEN, WENN MAN IN BARCELONA IST? _____

—— Einen Turron (ein Mandelkonfekt) bei **Planelles Donat**

(Avinguda del Portal de l'Àngel 7, *planellesdonat.com*) oder **Vicens** (*vicens.com*) – ich mag besonders gerne das weiche, es heißt Xixona. Eine Flasche Wermut von einer lokalen Marke wie Morro Fi oder Yzaguirre. Feuergebrannte Marconamandeln von der **Casa Gispert** (Carrer dels Sombrerers 23, *casagispert.com*). Eine Flasche Arbequina Ollvenöl bei **Olisoliva** auf dem Markt von Santa Caterina in der Nähe der Kathedrale.

WO ENTSPANNEN SIE AM BESTEN? _____

—— Im **Cowshed Spa** vom **Soho House** (S. 32), im **Bliss Spa** im **W Hotel** (Plaça Rosa dels Vents 1, *marriott.com*) oder im Sommer, unter einem Baum liegend, im **Parc de la Ciutadella.**

WOHIN FAHREN SIE, WENN SIE MAL RAUS AUS DER STADT WOLLEN? _____

—— Früher bin ich nach Castelldefels zum Strand gefahren, aber heute bewege ich mich öfter in Richtung Norden, in den Naturpark **Montseny.** Die höher gelegenen, schattigen Wälder, Flüsse und Stauseen sind perfekt zum Wandern, ab und zu kommen Sie sogar an einer versteckten Burg vorbei. Besonders gern mag ich den Rundweg um den Stausee Santa Fe del Montseny. Genießen Sie Barcelona! Und den Rest der Reise!

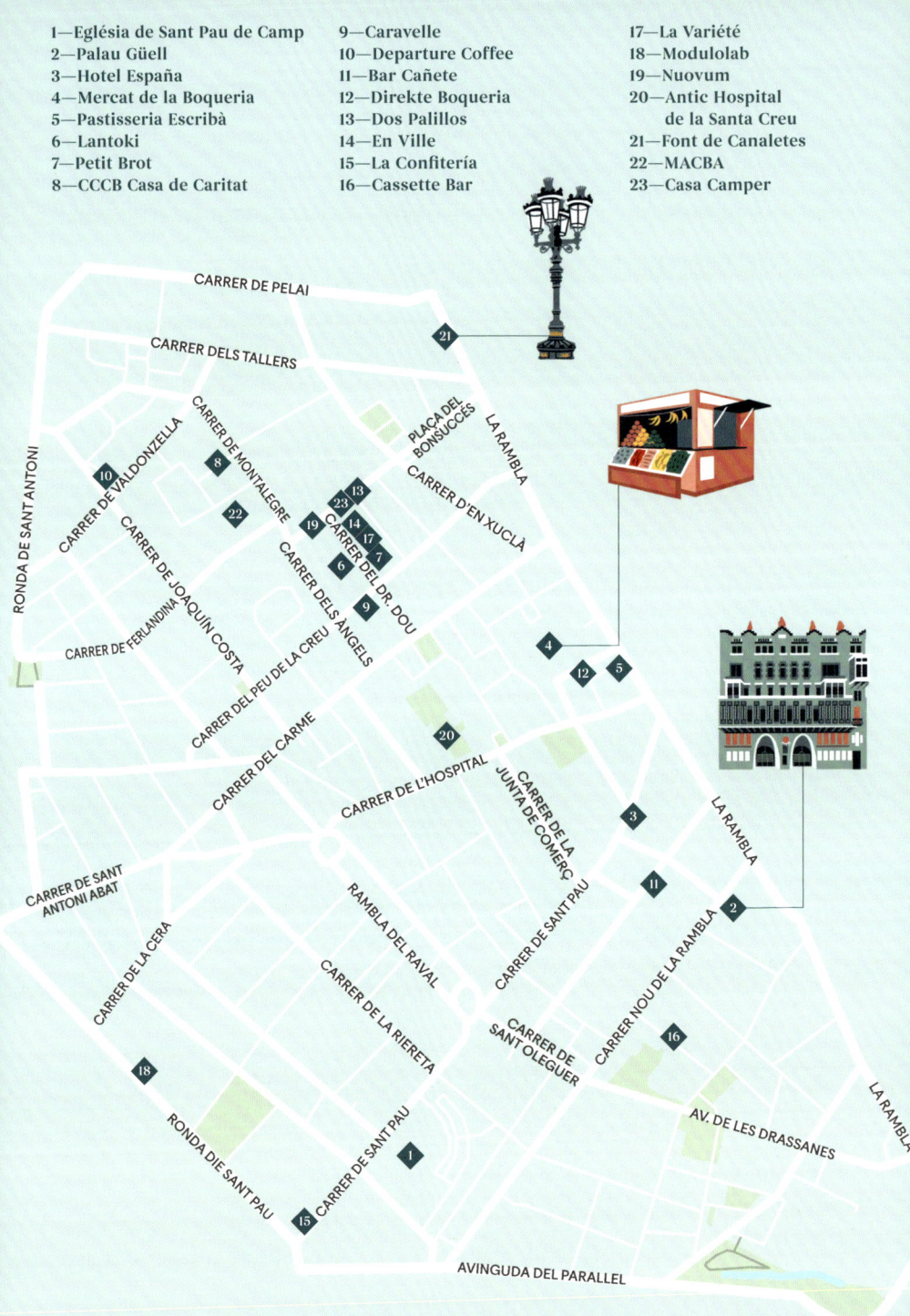

1—Eglésia de Sant Pau de Camp
2—Palau Güell
3—Hotel España
4—Mercat de la Boqueria
5—Pastisseria Escribà
6—Lantoki
7—Petit Brot
8—CCCB Casa de Caritat
9—Caravelle
10—Departure Coffee
11—Bar Cañete
12—Direkte Boqueria
13—Dos Palillos
14—En Ville
15—La Confitería
16—Cassette Bar
17—La Variété
18—Modulolab
19—Nuovum
20—Antic Hospital
    de la Santa Creu
21—Font de Canaletes
22—MACBA
23—Casa Camper

CARRER DE PELAI
CARRER DELS TALLERS
PLAÇA DEL BONSUCCÉS
LA RAMBLA
CARRER D'EN XUCLÀ
RONDA DE SANT ANTONI
CARRER DE VALDONZELLA
CARRER DE MONTALEGRE
CARRER DE JOAQUÍN COSTA
CARRER DE FERLANDINA
CARRER DELS ÀNGELS
CARRER DEL DR. DOU
CARRER DEL PEU DE LA CREU
CARRER DEL CARME
CARRER DE L'HOSPITAL
CARRER DE LA JUNTA DE COMERÇ
CARRER DE SANT ANTONI ABAT
CARRER DE LA CERA
RAMBLA DEL RAVAL
CARRER DE LA RIERETA
CARRER DE SANT PAU
CARRER DE SANT OLEGUER
CARRER NOU DE LA RAMBLA
LA RAMBLA
CASSETTE
AV. DE LES DRASSANES
LA RAMBLA
RONDA DIE SANT PAU
CARRER DE SANT PAU
AVINGUDA DEL PARALLEL

5

EL RAVAL

El Raval war einst die düsterste Gegend der Stadt,
ein ziemlich heruntergekommenes, echt verruchtes Viertel.
Anlässlich der Olympische Spielen 1992 bekam es
eine neue Identität. Unter anderem, weil sich hier das wichtigste Museum für zeitgenössische Kunst, das MACBA,
angesiedelt hat – in einem beeindruckenden Gebäude von
Richard Meier. Auf dem Vorplatz trifft sich die Skater-
szene, Graffiti und Streetartkunst zieren etliche der Back-
steinmauern in El Raval, das mittlerweile eine lebhafte
Nightlife-Szene entwickelt hat. Ein weiterer wichtiger
Anlaufpunkt im Viertel: der Mercat de la Boqueria,
Barcelonas Lebensmittelmarkt, der in seiner heutigen
Form im 19. Jahrhundert entstanden ist.

Start ist an der kleinen Kirche ① **Eglésia de Sant Pau de Camp** (Carrer de Sant Pau 100). Von hier aus den Carrer de Sant Pau in Richtung Nordosten nehmen. Dann rechts in den Carrer de Sant Ramon abbiegen und links in den Carrer Nou de la Rambla, bis Sie zum ② **Palau Güell** (Nr. 3–5) kommen – einer beeindruckenden neugotischen Villa, die Gaudí in seinen Anfangsjahren für seinen Gönner Eusebi Güell errichtete. Teile der Fassade erinnern an einen venezianischen Palast. Eines der Highlights: das opulente Musikzimmer. Über den Carrer de les Penedides in Richtung Norden weiter zum ③ **Hotel España** (Carrer de Sant Pau 9–11), dem idealen Ort für eine Mittagspause. Im prunkvollen Speisesaal, den Domènech i Montaner 1903 modernistisch gestaltete, wird traditionelle katalanische Küche serviert. Einigen wird das Haus aus Carlos Ruiz Zafóns Werk »Das Spiel der Engel« bekannt sein. Frisch gestärkt weiter in Richtung Norden über den Carrer de l'Arc de Sant Agusti zur Plaça di Sant Agusti. Ein kurzer Schlenker nach rechts über den Carrer de l'Hospital, links auf die Rambla und gleich wieder links zum ④ **Mercat de la Boqueria** (Ramblas 91), dem wichtigsten Lebensmittelmarkt der Stadt, erbaut im 19. Jahrhundert. Hier geht es laut, voll und hektisch zu. Angeblich fand auf dem Gelände schon im Jahr 1217 der erste Markt statt. Neben den unzähligen Lebensmittelständen, die zum Teil in dritter oder vierter Generation geführt werden, ist das bunte Glasdach äußerst sehenswert. Wo sollte man unbedingt essen? Bei El Quim de la Boqueria (Local 606), mitten auf dem Markt. Besonders zu empfehlen: die Garnelen in Knoblauch. Lust auf etwas Süßes? Zwischenstopp in der ⑤ **Pastisseria Escribà** (La Rambla 83) einlegen, ein absoluter Törtchenhimmel. Nördlich des Marktes liegt der Palau de la Virreina (Rambla Sant Josep 99), den der einstige Vizekönig von Peru, der Marquès de Castellbell, für seine Frau errichten ließ. Über den Carrer del Carme in den Carrer dels Àngels in nördliche Richtung abbiegen. Kurzer Abstecher nach rechts in den Carrer del Pintor Fortuny und links in den Carrer del Dr. Dou: erst Mode shoppen bei ⑥ **Lantoki** (Nr. 15), dann auf einen kalt gepressten Smoothie zu ⑦ **Petit Brot** (Nr. 10). Zurück auf den Carrer dels Àngels, bis Sie zum Museu d'Art Contemporani de Barcelona (MACBA, S. 93) mit seiner beeindruckenden Fassade aus weißem Zement und Glas gelangen, das der US-Stararchitekt Richard Meier kreiert hat. Nur einen Steinwurf entfernt befindet sich ein weiteres interessantes Museumsprojekt: das ⑧ **CCCB** in der Casa de Caritat (Montalegre 5), dem ehemaligen Asyl für Obdachlose.

Im Uhrzeigersinn: Lohnt sich: ein
Besuch in der Boutique Lantoki.
Eine der ältesten
Kirchen der Stadt: Sant Pau
de Camp. Spezialität: Lamm-
karree im Restaurant En Ville.
Die Fassade des Kunstzentrums
CCCB. Liebevoll ausgesuchte
Möbel und hübsche Dekoartikel
gibt`s im La Variété

Heimeliges Ambiente:
Lokal En Ville

ESSEN UND TRINKEN

FRÜHSTÜCK

⑨ Caravelle
Carrer del Pintor Fortuny 31
caravelle.es
Minimalistisch designtes
Hipster-Café mit gechillter
Atmosphäre, ganztags vor
allem bei den Einheimischen
beliebt. Unbedingt probieren:
die pochierten Eier auf Avocadotoast und die unglaublich
köstlichen Pancakes. Auch
lecker: die verschiedenen
Tacos-Variationen und die
hausgemachten Limonaden.

⑩ Departure Coffee
Carrer de la Verge 1
Etwas versteckt liegendes,
charmantes Café, das
seine Fangemeinde unter anderem mit wechselnden
Kunstausstellungen unterhält.
Es ist mit viel Fingerspitzen-
gefühl im Vintage-Stil eingerichtet. Highlights: die köstlichen Kuchen (vor allem der
Karotten- und der Zitronen-
kuchen ...). Tipp: Gleich gegen-
über liegt außerdem die grie-
chische Bäckerei Lukumas, die
die mit Abstand leckersten
Donuts von Barcelona verkauft!

LUNCH

⑪ Bar Cañete
Carrer de la Unió 17
barcanete.com
Klassische, sehr herzlich

geführte Tapasbar. Es geht
hier immer etwas laut und
chaotisch zu, versuchen Sie,
einen Platz an der Theke
zu ergattern, dann kann man
zusehen, wie die Leckereien
frisch zubereitet werden. Probieren Sie unbedingt das Steak
Tartare, das Tunfisch-Tartare
und die Crema Catalana.

⑫ Direkte Boqueria
Carrer de les Cabres 13
direkte.cat
Ein wirklich großartiges
kulinarisches Erlebnis: außergewöhnliche Küche mit asiatischen und katalanischen
Einflüssen in einem winzigen
Lokal mit nur acht Plätzen.
Der Chefkoch Arnau Muñío ist
ein wahrer Künstler, man
bekommt wahlweise neun
oder 12 Gänge serviert. Achtung: viele Stammgäste. Am
besten ein paar Tage vorher
reservieren. Auch zum Dinner
wirklich empfehlenswert.

DINNER

⑬ Dos Palillos
Carrer d'Elisabets 9
dospalillos.com
Spanisch-japanische Fusion-
Cuisine mit Michelin-Stern
in abgefahrener Atmosphäre.
Hinter dem Herd steht Albert
Raurich, der frühere Küchen-
chef des legendären Restau-
rants El Bulli. Bestellen Sie das

20-gängige Menü (ca. 90 €) – eine unvergessliche Geschmacksexplosion.

⑭ En Ville

Carrer del Doctor Dou 14
envillebarcelona.es
Das Restaurant liegt in einem architektonisch äußerst interessanten Gebäude mit gewaltigen Ziegelbogen-Gewölben, das 1877 von Rafael Gustavino errichtet wurde. Bestellen Sie die Seafood-Paella oder die gegrillten Jakobsmuscheln. Und zum Nachtisch Käsekuchen. Gut zu wissen: Auf der Karte stehen auch viele glutenfreie Gerichte!

DRINKS UND AUSGEHEN

⑮ La Confitería

Carrer de Sant Pau 128
grupconfiteria.cat
Angesagter, ziemlich stilvoller Hotspot bei Alt und Jung. Der Name ist hier Programm: In der früheren Konditorei und Feinkost-Boutique mit zum Teil originalem Art-déco-Interieur gehen heute Wein, Bier und stark gemixte Cocktails über den Tresen. Wer Lust auf etwas Stärkeres

hat, sollte auf jeden Fall den Planter's Punch ordern. Prost!

⑯ Cassette Bar

Carrer de l'Est 11
In dieser kleinen Bar im 80ties Look wird der angeblich beste Gin Tonic der Stadt gemixt. Nicht nur deswegen ist der Laden ziemlich beliebt bei jüngeren Leuten. Die Besitzer Lara und Fabio haben ihr Baby nostalgisch gestylt: mit Lampen aus Kassetten, Vintage-Musikpostern und einem alten Fernseher. Weitere Pluspunkte: faires Preis-Leistungs-Verhältnis und Tapas zur Happy Hour.

Stilvoll trinken im ehemaligen Feinkostladen La Confitería

EINKAUFEN

Einkaufstipp für Design-Liebhaber: Modulolab

⑰ La Variété

Carrer del Dr. Dou 12

lavariete.net

Wider den Einheitslook! Hübscher, kleiner Interieur-Shop, der tolle individuell gefertigte Stücke und Handgemachtes zu erschwinglichen Preisen verkauft. Wer auf der Suche nach einer besonderen Lampe oder Vase ist, die sonst niemand hat – schnell zu La Variété!

⑱ Modulolab

Ronda de Sant Pau 42–44

modulolab.com

Dieser Laden lässt die Herzen von Designfans höherschlagen ... Sie lieben Original-Vintage-Möbel und

Eindrucksvoll: das Antic Hospital de la Santa Creu

Designobjekte aus den 1950er-, 1960er- und 1970er-Jahren? Hier können Sie nach Herzenslust Geld ausgeben – für Stühle von Marcel Breuer oder Verner Panton, Lampen von Jo Hammerborg oder Elio Martinelli. Die Stücke sind nicht ganz günstig ... Besuch nur nach Voranmeldung!

⑲ Nuovum

Carrer d'Elisabets 20

nuovum.com

Ein echte Institution, nicht nur im Viertel. José Miguel Sevilla verkauft in seinem außergewöhnlichen Concept-Store eine tolle Auswahl an Lifestyleprodukten, Accessoires und Kunst. Wir lieben die supercoolen Taschen von Nuo, den Schmuck von Cristina Junquero und die großartige Nilpferdlampe von Ornamente.

KUNST UND KULTUR

⑳ Antic Hospital de la Santa Creu

Carrer de l'Hospital 56

Früher einmal das wichtigste Krankenhaus der Stadt, in dem 1926 Antoni Gaudí starb. Es wurde bis in die 1930er-Jahre genutzt. Heute werden in der ehemaligen Kapelle Ausstellungen gezeigt, der wunderbare Innenhof ist eine Oase der Ruhe im Trubel der Stadt.

㉑ Font de Canaletes

La Rambla de Canaletes 133

Eigentlich ein bescheidener Brunnen mit ein paar

Stadtlaternen – aber für Fans des FC Barcelona Kult. Hier versammeln sich diese, um die Siege ihres Lieblingsvereins zu feiern. Außerdem kommt jeder, der von diesem Brunnen trinkt, der Legende nach, nach Barcelona zurück.

◇ ㉒ **MACBA**
Plaça dels Àngels 1
macba.cat
Wichtigstes Museum der Stadt für zeitgenössische Kunst. Entworfen wurde es von Richard Meier. Der Schwerpunkt liegt auf spanischer und katalanischer Kunst ab der 2. Hälfte des 20. Jahrhunderts, unter anderem mit Werken von Joan Brossa und Antoni Tàpies. Es sind auch Werke einiger ausländischer Künstler zu bewundern.

Und: Ein Besuch des Museumsshops lohnt sich!

SCHLAFEN

◇ ㉓ **Casa Camper**
Carrer d'Elisabets 11
casacamper.com
Das Boutiquehotel mit 30 Zimmern und zehn Suiten befindet sich in einem Gebäude aus dem 19. Jahrhundert. Zum Konzept gehören Hängematten in den Zimmern, statt Minibar steht Ihnen rund um die Uhr ein Buffet mit Snacks, Sandwiches und Salaten offen. Die Bar Dos Billares lohnt sich für eine Partie Billard und Drinks. DZ ab ca. 130 €.

INSIDER-TIPP DER CREW

EL RAVAL IST EIN MULTIKULTURELLER STADTTEIL. DORT KÖNNEN SIE TEILE DER ALTEN STADTMAUER SEHEN. DIE RAMBLA DEL RAVAL IST GUT ZUM HERUMSCHLENDERN, ESSEN UND SHOPPEN. GUCKEN SIE SICH DAS KUNSTWERK »EL GATO DEL RAVAL« VON FERNANDO BOTERO AN. NOCH EIN TIPP: DER MERCAT DE LA BOQUERIA, EIN WUNDERSCHÖNER, ALTER MARKT, DER MIT OBST, GEMÜSE UND FRISCH GEMACHTEN SPEISEN LOCKT.

Andre Battermann
Flugbegleiter

Kunst gucken im modernen Museum MACBA

CHRISTIAN SCHALLERT

Christian Schallert lebt seit über 15 Jahren in der Stadt. Als er
2003 von Österreich nach Barcelona zog, jobbte er zuerst
in einem Bagel-Shop. Wegen seiner damals nicht vorhandenen
Spanisch-Kenntnisse wurde er am Anfang in den Keller
verbannt, um Zwiebeln und Tomaten zu schneiden. 2004 fing
Christian an, Barcelona zu fotografieren, und entwickelte
daraus ein erfolgreiches Postkarten-Business. Im Jahr 2013 stieß
Christian Schallert dann auf ein ganz besonderes Gebäude
in Poble-Sec. Und da er seit der legendären 1980er-Jahre-Serie
»Hotel« eine Faszination für – eben – Hotels hatte, beschloss er,
selbst eines zu eröffnen. Und zwar nicht irgendeines.
Mit dem Hotel Brummell (S. 106) kreierten er und sein Team
ein ganz besonderes Haus, das weit über die Grenzen der
Stadt bekannt ist: Lässig und luxuriös, cool und charmant,
ist es ein Hotel, in dem man nicht nur ein paar Tage, sondern
Monate verbringen möchte.

WELCHE IST IHRE LIEBLINGSGEGEND? _____

____ Die, in der ich lebe: ein kleines Wohnviertel im oberen Teil von Poble-Sec, es heißt La Satalia und grenzt direkt an den Montjuïc. Ich finde es faszinierend, aus der Haustür zu gehen und direkt im grünen Wald zu sein: tolle Aussichten über die Stadt, die **Fundació Joan Miró** (S. 104) und ein **griechisches Amphitheater** (S. 106), alles erreichbar zu Fuß in nur drei Minuten. Und in fünf Minuten bin ich in einem der letzten Viertel Barcelonas, das authentisch geblieben ist: in Poble-Sec.

WOHIN GEHEN SIE GERNE ZUM FRÜHSTÜCKEN? _____

____ Bei mir im Viertel: Im **Hotel Brummell** (S. 106) sitzt man nicht nur in einem besonders zauberhaften Innenhof, sondern bekommt auch einen großartigen Kaffee und eine tolle À-la-carte-Auswahl serviert. Zum Beispiel köstlichen Avocadotoast mit pochierten Eiern ... Und probieren Sie unbedingt auch die Acaï-Bowl! Ein schnelles, sehr typisches Frühstück hier in der Gegend kriegen Sie in der **Bar Bodega Vidal** (Carrer Nou de la Rambla 148) – kaufen Sie sich am besten ein belegtes Schinken-Käse-Sandwich und bestellen Sie einen frisch gepressten Saft. Außerdem liebe ich das **Caravelle** (S. 90) in El Raval.

WAS SIND IHRE TIPPS FÜRS MITTAGESSEN? _____

____ Das **Cafè de L'Acadèmia** (Carrer dels Lledó 1) mitten im Barri Gòtic. Wenn das Wetter gut ist, sollten Sie draußen auf dem Platz vor der Kirche sitzen. Obwohl es in einer sehr touristischen Gegend liegt, treffen sich hier vor allem Einheimische. Ich hatte dort einmal Pulpo mit Kartoffelbrei und pochiertem Ei – das schmeckte unglaublich! Gleich um die Ecke liegt die **Bodega La Palma** (S. 27) – ein echtes Erlebnis.

LOKAL-TIPP FÜRS DINNER? _____

____ Das **Xemei** (S. 103) – es hat eine tolle Terrasse und feines venezianisches Essen. Ich bestelle mir immer die schwarze Pasta! **Palo Cortao** (Carrer Nou de la Rambla 146, palocortao.es) ist auch eine coole gastronomische Erfahrung. Die Besitzer kommen aus dem Süden Spaniens und sind echte Foodies.

WO SONST SOLLTE MAN IN BARCELONA ESSEN? _____

____ Wenn ich Besuch habe, gehe ich jedes Mal ins **Green Spot** (Carrer de la Reina Christina 12, encompaniadelobos.com). Ich mag das mediterrane Interieur und die vegetarischen Leckereien (es ist ein vegetarisches Restaurant). Die schwarze Pizza ist nicht von dieser Welt, ehrlich! Und wenn ich damit angeben will, dass ich in einer Stadt am Meer lebe, gehe ich ins **Blue Spot** (Passeig Joan de Borbó 101, encompaniadelobos.com). Es gehört zur selben Restaurantgruppe, ist aber nicht rein vegetarisch. Das **Entrepanes Díaz** (Carrer de Pau Claris 189) ist eines dieser klassischen fancy Lokale mit einer hübschen kleinen Terrasse. Sie müssen die Calamares versuchen. Und Rabo de Buey (Ochsenschwanz). Außerdem ist das **Cecconi's** im Soho House (S. 32) immer etwas Besonderes! Bestellen Sie die Albondigas, die mit der besten Tomatensauce dieses Planeten serviert werden. Für besondere Anlässe empfehle ich Ihnen das **Boca Grande** (Passatge de la Concepció 12, bocagrande.cat). Sie servieren dort den frischesten Fisch, es ist eines der wenigen Lokale, in dem ich eines meiner Lieblingsgerichte bekomme: King Crab!

IHRE LIEBSTE TAPASBAR? ____

____ Die **Mont Bar** (S. 61) – man kann dieses Lokal nicht oft genug empfehlen ... Dort wird großer Wert auf saisonale Gerichte gelegt. Dann: die **Casa Lolea** (Carrer de Sant Pere Mès Alt 49, casalolea.com): eine lustige Bar, in der immer was los ist und die berühmt ist für ihre Sangria. Außerdem: **Last Monkey** (S. 103), eine asiatische Tapasbar in der aufstrebenden Gegend Sant Antoni. Unbedingt das Auberginen-Gericht versuchen! Und zuletzt: **Vinitus** (Carrer del Consell de Cent 333) – die Königin der Tapasbars in Barcelona. Hier ist immer viel los, das haben die Betreiber auch verdient.

WELCHE BARS EMPFEHLEN SIE FÜR DRINKS? _____

___ **La Confitería** (S. 91): klassische, köstliche und einfach richtig tolle Cocktails. **Cassette** (S. 91) – außergewöhnlich gute Drinks! Hier hängen die Einheimischen ab (jedenfalls, bis dieser Reiseführer hier auf den Markt kommt ...). Das **Impur** (Passatge de la Concepció 11, *purbarcelona.com/en/impur*): Unglaublich edle Cocktails, diese Bar versprüht Eleganz pur. Und die **Bitter Bar** (S. 104) im Epizentrum der Szene ... in Sant Antoni.

WAS SIND DIE BESTEN ORTE, UM KUNST ZU ERLEBEN? ___

___ Mein absoluter Favorit ist die **Fundació Joan Miró** (S. 104). Schon das Gebäude, entworfen vom Architekten Josep Lluis Sert, ist ein Kunststück und für mich eines der schönsten in der Stadt. Und es lohnt sich immer, die Miró-Dauerausstellung zu besuchen. **Sala Casa Garriga Nogués de Fundación MAPFRE** (Carrer de la Diputació 250, *fundacionmapfre.org*) liegt mitten im Stadtteil Eixample in einem modernistischen Gebäude und beherbergt für mich die unglaublichsten wechselnden

Fotoausstellungen. Und ich schaue mir immer die neueste Ausstellung im **Objeto de Deseo** (Carrer del Consell de Cent 292, **objetodedeseo.es**) an. Eine Mini-Galerie im ersten Stock mit erschwinglicher Kunst und anderen coolen Objekten, die man kaufen kann.

IHR HOTELTIPP? _____

___ Auch wenn es nicht meines wäre, würde ich Ihnen das gleiche sagen: **Hotel Brummell.** 20 Zimmer. Ein echtes Boutique-Hotel mit einem tropischen Innenhof, einer sonnigen Pool-Terrasse neben einem Kräutergarten. Kleines Haus = enges Verhältnis zu den Gästen. Die charmante Belegschaft bietet sogar Yoga- und Sportstunden kostenlos an, in der angeschlossenen Yoga Garage by Veronica Blume.

WO KAUFEN SIE EIN? _____

___ Für elegante Anlässe: im Männermodeladen **The Outpost** (Carrer del Rosselló 281 Bis, *theoutpostbcn.com*). Sonst finde ich auch bei **Loisaida** (Carrer dels Flassaders 42, *loisaidabcn. com*) immer etwas. Wenn ich auf der Suche nach Interieur bin, ist mein Lieblingsladen **Wunderkammer** (S. 76) in Gràcia. Und ich mag die **Antique Boutique** (Carrer de Sèneca 16, *antiqueboutiquebcn.com*). Ein echt beeindruckender Laden, aber leider ziemlich teuer, ist **Azul Tierra** (Carrer de Còrsega 276,

azultierra.es). Noch ein paar Läden, die sich für hübsche Dinge lohnen, sind der **Jaime Beriestain Concept Store** (Carrer de Pau Claris 167, *concept store.beriestain.com*), der **Clay Concept Store** (Carrer dels Banys Vells 11, *clay-store.com*), Après Ski (Carrer dels Vigatans 11, *apresski.es*), **Carolina Blue** (Carrer del Dr. Dou 11, *carolinabluebarcelona.com*) und **Be House** (Avinguda Diagonal 609, *bethestore.com*).

IHRE LIEBSTEN VERSTECKTEN PLÄTZE IN DER STADT? _____

___ Ich gehe gerne in die **Kathedrale** (S. 29) und beobachte die Gänse im Innenhof. Oder fahre mit dem Aufzug aufs Dach, um den atemberaubenden Blick zu genießen. Mein liebster geheimer Ort (bis jetzt) ist **Natas** (Carrer d'Elisabets 6) und der kleine Platz dahinter. Hier gibt es wahnsinnig köstliches hausgemachtes Eis. Holen Sie sich eines, gehen Sie dann durch den Buchladen La Central, um zur Terrasse zu gelangen, wo Sie Ihr Eis essen können.

WOHIN FAHREN SIE, WENN SIE RUHE HABEN WOLLEN? _____

___ In die Pyrenäen, in eine Art Zuflucht auf dem Land, die **Mas Sant Marc** (*santmarc.es*). Wenn es nicht so weit sein soll, an den Strand nach Sant Pol del Mar. Dort gibt es ein paar Lokale, die richtige gute Paella machen.

6

ST. ANTONI, POBLE-SEC & MONTJUÏC

Auf dem Montjuïc, einem der beiden Hausberge der Stadt mit 213 Metern Höhe, liegen nicht nur die meisten Sportanlagen der Olympiade von 1992, sondern auch hervorragende Museen und Kunstsammlungen wie die Fundació Joan Miró und ein Nachbau des deutschen Pavillons von 1929 von Mies van der Rohe. Hier kann man einen wunderbaren Spaziergang unternehmen. An der Nordseite des Berges schließt sich Poble-Sec an, früher Arbeiterviertel, heute Heimat vieler hipper Bars und Restaurants. Nördlich daran, jenseits der Avinguda del Paral·lel stoßen Sie auf das Viertel Sant Antoni, das auf den ersten Blick etwas unscheinbar wirkt, sich jedoch in den letzten Jahren rasant verändert hat. Und mit einer spannenden Auswahl an Vintage-Shops und Tapasbars aufwartet.

◆

◆

Startpunkt ist am ① **Font Magica** (Avinguda de la Reina Maria Cristina), einem gigantischen Brunnen, der sich in der Mitte der Plaça Carles Buigas erhebt. Der »magische Brunnen« sprüht vor der Kulisse des Palau Nacional leuchtende Fontänen in den Himmel. Das 15-minütige Spektakel wiederholt sich in den Sommermonaten mehrmals am Abend. Nehmen Sie jetzt die Avinguda del Marquès de Comillas, die sich in Serpentinen den Hügel hinaufschlängelt. Linker Hand passieren Sie den ② **Paveló Mies van der Rohe** (Avinguda de Francesc Ferrer i Guàrdia 7), einst deutscher Beitrag zur Weltausstellung von 1929. Der Pavillon wurde zwar sofort nach der Ausstellung abgerissen, 1986 jedoch wiederaufgebaut. Im Inneren können Sie einen Stuhl besichtigen, den van der Rohe extra für den Paveló entworfen hat. Als Nächstes passieren Sie das ③ **Poble Espanyol** (Avinguda de Francesc Ferrer i Guàrdia 13), ein künstliches Dorf, das ebenfalls für die Weltausstellung 1929 errichtet wurde und die verschiedenen Regionen und architektonischen Stile Spaniens repräsentiert. In diesem unterhaltsamen Freilichtmuseum finden Sie auch jede Menge Shops, Cafés und Bars. Über die Avinguda dels Montanyans erreichen Sie jetzt eines der bedeutendsten Museen Barcelonas: das ④ **Museu Nacional d'Art de Catalunya** (MNAC, Mirador del Palau Nacional), das schwerpunktmäßig frühmittelalterliche katalanische Kunst ausstellt. Der Weg führt Sie weiter, vorbei am Völkerkundemuseum, über den Passeig de Santa Madrona zu einem echten Highlight: der **Fundació Joan Miró** (S. 104). Von hier aus über die Plaça Dante zur Bergstation Miramar. Wer schon etwas erschöpft ist, nimmt die Seilbahn zur Burg auf dem Gipfel des Montjuïc. Vom ⑤ **Castell de Montjuïc** (Carretera de Montjuïc 66) aus, das Ende des 17. Jahrhunderts errichtet wurde, eröffnet sich Ihnen ein Wahnsinnsblick aufs Meer. Die Festung hat allerdings eine unschöne Vergangenheit. Lange war sie ein Symbol für die Unterdrückung der Katalanen, da sie als Gefängnis für politische Häftlinge und als Hinrichtungsstätte diente. Ebenfalls eine tolle Sicht auf Wasser und Hafen bietet sich von der Aussichtsplattform ⑥ **Mirador de l'Alcald** aus, an der Sie auf dem Abstieg vorbeikommen, wenn Sie auf der Carretera de Montjuïc hinabgehen. Von hier aus können Sie auch die Seilbahn Teleferic del Port nehmen, die Sie ruckzuck an den Hafen befördert.

Rechte Spalte: Obststand auf dem Mercat de Sant Antoni (oben). Die spektakulären Räumlichkeiten der Fundació Joan Miró (Mitte). Gutes Essen, feine Drinks: das Last Monkey in Sant Antoni (unten)

Linke Spalte: Von der alten Wehr-anlage Castell de Montjuïc aus haben Sie einen Traumblick bis aufs Meer (oben). Herrlich schräg: das Molinet Cafè Antic (unten)

Abgefahrenes Ambiente:
Restaurant Alkimia

ESSEN UND TRINKEN

FRÜHSTÜCK

 Cafè Cometa
Carrer del Parlament 20
cafecometa.com
Niedliches kleines Café in Sant
Antoni, das sowohl fürs Frühstück als auch zum Mittagessen von vielen Fans aus der

Nachbarschaft besucht wird.
Auf der Karte: frische Säfte,
knusprige Sandwiches, gesunde Bowls und Salate. An den
Wänden hängt Kunst, die
Atmosphäre ist sehr relaxed.
Ein Ort, an dem man gut
und gerne ein paar Stunden
verbringen kann.

 Molinet Cafè Antic
Carrer d'Elkano 69
molinetcafeantic.eatbu.com
Gemütliches, mit Vintage-
Möbeln eingerichtetes Café
mit idyllischer Terrasse. Klei-
ner Tipp: Das portugiesische
Frühstück schmeckt beson-
ders lecker. Und auch die
Pancakes sind herrlich fluffig.

LUNCH

 Alkímia
Ronda de Sant Antoni 41
alkimia.cat
Jordi Vilàs Fangemeinde
reicht weit über die Grenzen
Barcelonas hinaus. Sein
Geheimnis: In ausgefallen

designtem Ambiente bringt er katalanische, auf regionalen Produkten basierende Küche mit einem besonderen avantgardistischen Kniff auf den Tisch. Dafür wurde er mit einem Michelin-Stern belohnt.

⑩ Last Monkey
Carrer del Comte Borrell 70
lastmonkey-bcn.com
Interessante Mischung aus Asia-Cuisine, mediterranen Einflüssen und Bar. Das kleine Lokal in Sant Antoni, das der Italiener Stefano Mazza mit viel Hingabe führt, erfreut sich zu Recht großer Beliebtheit. Auch am Abend für ein paar Drinks äußerst lohnenswert!

⑪ Quimet & Quimet
Carrer del Poeta Cabanyes 25
quimetquimet.com
Absoluter Klassiker mit altmodischem Charme: winziges, familienbetriebenes Lokal, das zu jeder Tageszeit rammelvoll ist. Es gibt nur Stehtische, aber die Qualität der Tapas ohne jeglichen Schnickschnack ist unschlagbar. Bestellen Sie die Montaditos mit Lachs oder Anchovis und Käse!

DINNER

⑫ Enigma
Carrer de Sepúlveda 38–40
elbarri.com/restaurant/enigma

Spektakuläres kulinarisches Gesamtkonzept von Albert Adrià (S. 18), der einst mit seinem Bruder Ferran das legendäre Restaurant El Bulli führte. Bitte einplanen: Das Essen dauert hier beinahe vier Stunden, zu jedem Gang werden die exakt passenden Getränke serviert. Achtung: Man sollte unbedingt ein paar Wochen im Voraus reservieren.

⑬ Mano Rota
Carrer de la Creu dels Molers 4
manorota.com
Cooles Ambiente mit Industrielampen, Holztischen und Backsteinwänden. Bernat Bermudo zaubert geniale Bistroküche mit südamerikanischen, katalanischen und asiatischen Einflüssen. Fangen Sie mit einer Lobster-Sudado-Ramen-Suppe an und gönnen Sie sich anschließend das Monkfish Tagine. Und zum Nachtisch? Natürlich den Käsekuchen mit Beeren und Schokoladen-Crumble.

⑭ Xemei
Passeig de l'Exposició 85
xemei.es
Eine echte Institution im Viertel in der Nähe des Teatre Grec und ein Stück Venedig in Barcelona. Xemei heißt »Zwillinge« – und das Lokal wird von den italienischen Zwillingen Stefano und Max Colombo geführt. Als

Vorspeise sollten Sie unbedingt Burrata ordern, als Hauptspeise machen Sie mit einem der Fischgerichte garantiert nichts falsch. Die Bedienung ist ausgesprochen herzlich.

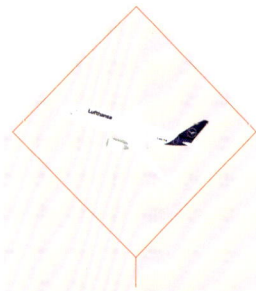

INSIDER-TIPP DER CREW

EIN PAAR DER HIGHLIGHTS AUF DEM MONTJUÏC: DAS NATIONALE KUNSTMUSEUM VON KATALONIEN UND DIE SEILBAHN VOM BERG IN DEN HAFEN. AUSSERDEM: DAS OLYMPIASTADION UND DAS OLYMPISCHE SCHWIMMBAD.

Andre Battermann
Flugbegleiter

Hier verbringen Sie garantiert einen fröhlichen Abend: Bitter Bar

Die prächtige Markthalle aus dem Jahr 1882 wurde 2008 nach einer umfangreichen Renovierung neu eröffnet. Neben Lebensmitteln werden an den Ständen auch Kleidung und allerlei Accessoires verkauft. Sonntags verscherbeln Trödelhändler gleich daneben alte Bücher.

 18 Trait Store
Carrer del Parlament 28
traitstore.com
Moderner, zeitlos designter Concept-Store mit einer interessanten Auswahl an Damen- und Herrenmode, Uhren, Sonnenbrillen, Schuhen und Lifestyle-Gadgets. Unter den Labels: Samsoe & Samsoe, Lazy Oaf, Veja und Birkenstock. Weiteres Plus: Die Besitzer Gabriel und João beraten Sie gerne und ausführlich!

DRINKS UND AUSGEHEN

 15 Bitter Bar
Carrer de Viladomat 17
bitter-bar.com
Achtung, die kleine Bar in Sant Antoni übersieht man leicht! Großartige Cocktails zu fairen Preisen, einladendes Ambiente und äußerst aufmerksames Personal. Lieblingsdrinks: der wodkabasierte Berry Sling und der Bloody Oaxaca (nicht mehr als einen bestellen!).

EINKAUFEN

16 El Recibidor
Carrer de Calàbria 85
elrecibidor.com

Vintage-Möbelladen, der sich auf Stücke aus Skandinavien aus den 1950ern- bis 1970ern-Jahren spezialisiert hat. Von Tischen, Lampen und Regalen bis zu einzigartigen Dekoobjekten und Kunst. Auch der Showroom ist sehenswert. Eine echte Schatzkiste für Midcentury-Fans!

17 Mercat de Sant Antoni
Carrer de Comte d'Urgell 1
mercatdesantantoni.com

KUNST UND KULTUR

19 Fundació Joan Miró
Parc de Montjuïc
fmirobcn.org
Joan Miró, einer der wichtigsten Künstler Barcelonas, vermachte den größten Teil seiner Sammlung diesem Haus. Josep Lluís Sert, Katalane und enger Freund des Künstlers,

Päsentiert wegweisende Kunst:
die Galeria Carles Taché

Liebevoll designter Laden:
der Trait Store

Rahmen des Festivals Grec de Barcelona Konzerte, Theater- und Tanzaufführungen statt. Unbedingt Tickets besorgen!

SCHLAFEN

hat das beeindruckende licht-durchflutete Gebäude entwor-fen, das schon fast ein eigenes Kunstwerk darstellt. In den hellen Räumen sind über 200 Gemälde und Skulpturen sowie etwa 8000 Zeichnungen aus allen Schaffensperioden des Künstlers zu bewundern. Auf keinen Fall verpassen: die Säle 18 und 19 mit Meisterwer-ken aus den Jahren 1956 bis 1983. Und den kleinen Garten des Museums mit Skulpturen.

⑳ Galeria Carles Taché
Carrer de Mèxic 19
carlestache.com
Eine der wichtigsten Galerien der Stadt, die auch internatio-nal auf allen Kunstmessen vertreten ist – von Schanghai bis Paris. In seinen großzügi-gen Räumen zeigt der renom-mierte Galerist Gemälde, Papierarbeiten und Skulpturen von spanischen und weltbekannten Größen.

㉑ Teatre Grec
Passeig de Santa Madrona
barcelona.cat/grec/ca
Der Name ist etwas irrefüh-rend: Das steinerne Amphi-theater auf dem Montjuïc ist nämlich überhaupt nicht griechischen Ursprungs, sondern war einst ein schnö-der alter Steinbruch, der um-funktioniert wurde. Jeden Sommer finden hier im

㉒ Hotel Brummell
Carrer Nou de la Rambla 174
hotelbrummell.com
Christian Schallert (S. 94) hat im Poble-sec ein ganz beson-deres Hotel geschaffen: eine kreative Oase, inspirierend, lässig und gleichzeitig luxuriös. Das Gebäude aus dem Jahr 1870 wurde mit viel Fingerspit-zengefühl restauriert und im zeitgenössischen Stil ein-gerichtet. Unsere Lieblings-plätze: der ruhige Patio und der Pool auf dem Dach! Weiteres Plus: kostenlose Yogastunden. We love!

Die Tickets für das Sommerfestival im Teatre Grec sind heiß begehrt

Perfekt zum Relaxen nach der Sightseeing-tour: der Pool des Hotel Brummell

JOSH NATHANSON

Er hat gerade eines der hipsten neuen Hotspots in Barcelona mitgestaltet, das Les Filles Cafè (S. 74): Josh Nathanson ist Künstler und Designer und stammt eigentlich aus London. Vor vier Jahren ist er nach Barcelona gezogen, wo er lebt und arbeitet. Seine Spezialgebiete sind Designs für Restaurants, Drinks und allerlei hübsche Dinge rund ums Thema Kultur. Um sich Inspirationen zu holen, lässt er sich gerne stundenlang durch die verschiedenen Stadtteile treiben, auf der Suche nach kleinen lokalen Läden, Künstlern und geheimen Bars. Einer seiner wichtigsten Kunden ist die angesagte Restaurantgruppe Grupo Tragaluz mit diversen Lokalen in Barcelona und Madrid (*joshnathanson.co.uk*).

WAS IST IHRE LIEBLINGS-GEGEND UND WARUM? _____

_____ Sant Antoni, wo ich wohne, wegen seiner Lage im Zentrum der Stadt, aber auch wegen der großen Auswahl an Bars und Restaurants ... Und auch Gràcia, wegen seiner schönen Plätze und der friedlicheren Stimmung.

WOHIN GEHEN SIE GERNE ZUM FRÜHSTÜCKEN? _____

_____ Für einen schnellen Bikini (ein Schinken-Käse-Toastie) und einen Cortado am Morgen gibt es nichts Besseres als das **Cafè Cometa** (S. 102). Der Kaffee dort ist der beste. Sie müssen ein wenig Glück haben, um einen Tisch zu bekommen, aber wenn Sie einen ergattert haben, sind das friedliche Ambiente und die Kunst an den Wänden perfekt für den Start in den Tag. Ein weiterer beliebter Ort ist **Granja Petitbo** (S. 56), ein klassischeres Barcelona-Café mit ganztägiger Küche und großer Sonnenterrasse am Passeig de Sant Joan.

UND WAS SIND IHRE TIPPS FÜR DEN LUNCH? _____

_____ Ich gehe regelmäßig ins **Market Cuina Fresca** (Carrer de Badajoz 83), weil es sich in Laufnähe zu meinem Studio befindet. Dort wird ein „menu del día" serviert, das jeden Tag variiert, je nachdem, welche Produkte sie auf dem lokalen Markt bekommen haben. Ihre

Gazpacho de Sandía (Melonen-Gazpacho) ist die beste, die ich je hatte. Für ein schnelles asiatisches Mittagessen wähle ich das **Red Ant** (Carrer dels Tiradors 5, *mosquitotapas.com*), das eine große Bao-Auswahl hat und sehr herzhafte Ramen anbietet, die gerade an kühleren Wintertagen guttut.

WO SOLLTE MAN FÜRS DINNER RESERVIEREN? _____

_____ Mein absoluter Favorit ist **Can Codina** (Carrer del Torrent de l'Olla 20, wo sie den besten Pulpo (Tintenfisch) mit Paprika sowie eine großartige Auswahl an hausgemachten Kroketten servieren. Es lohnt sich, mit einem Glas Wein an der Bar zu warten, um einen Tisch zu bekommen ... Es ist ein super klassisches Barcelona-»Local-Lokal«. Was ich Ihnen auch sehr ans Herz legen kann: die **Bar Resolís** (Carrer de la Riera Baixa 22), die sich in einer Seitenstraße in El Raval befindet. Es ist toll, nur auf ein Bier hinzugehen und die Atmosphäre der Altstadt zu genießen ... Aber wenn Sie hungrig sind, dann probieren Sie unbedingt dort das gegrilltes Auberginengericht.

WO IN BARCELONA SOLLTE MAN SONST ESSEN? _____

_____ Natürlich muss ich das **Les Filles** (S. 74) erwähnen, das in diesem Jahr eröffnet hat und für das ich das Branding und

Design gestaltet habe. Im Mittelpunkt des Konzepts steht Nachhaltigkeit. Alle Produkte werden aus der Region bezogen, und das Essen ist super gesund und lecker. Es ist eine Oase im Herzen der Stadt, ein Ort, an dem Sie sich zu jeder Tageszeit entspannen können. Und natürlich müssen Sie einmal im besten Empanadas-Lokal der Stadt gewesen sein: **Rekons** (Carrer del Comte d'Urgell 32, *empanadas rekons.com*). Es liegt praktischerweise nur zwei Minuten von meiner Haustür entfernt. Perfekt für einen schnellen Snack, wenn man an einem Samstag etwas verkatert ist.

IHRE LIEBSTE TAPASBAR? _____

_____ **Pepa Pla** (S. 61) hat eine kurze Speisekarte – immer ein gutes Zeichen – und serviert die besten Tapas, die ich in der Stadt je hatte. Bestellen Sie unbedingt das pa amb tomàquet (Brot mit Tomate), die Grundlage jeder katalanischen Mahlzeit. Es werden klassische Tapas mit dem gewissen Etwas serviert, wie zum Beispiel ein Pilzsalat mit Wasabi. Den Wein, den Sie trinken wollen, wählen Sie aus dem Schrank. Wein schmeckt doch eigentlich immer besser, wenn man ihn anhand des Etiketts auswählen kann, oder?!

WELCHE BAR EMPFEHLEN SIE? _____

_____ Für einen ordentlichen After-Dinner-Drink müssen Sie

in die **Casa Bonay** (S. 65). Die Bar im Erdgeschoss hat ein tolles offenes Design (mit Marset-Lampen), und oft spielen dort auch verschiedene DJs. Fangen Sie die Nacht mit einem Mojito an und lassen Sie sie auf den Sofas enden ...

WO KANN MAN AM BESTEN IN DIE KUNSTWELT DER STADT EINTAUCHEN? _____

_____ Mein Lieblingsplatz, um etwas Ruhe in der Stadt und ein wenig Kultur zu finden, ist die **Fundació Joan Miró** (S. 104) auf dem Montjuïc. Die Skulpturengalerie auf dem Dach ist einer der schönsten Orte der Stadt und bietet eine unglaubliche Aussicht. Ich war noch nie dort, wenn es voll war, für mich fühlt sich dieser Platz immer wie ein gut gehütetes Geheimnis an.

WELCHE ANDEREN SEHENS-WÜRDIGKEITEN DARF MAN NICHT VERPASSEN? _____

_____ Um ein bisschen Bewegung, Natur und einen herrlichen Blick auf die Stadt zu kombinieren, ist die **Carretera de les Aigües** perfekt. Wahrscheinlich der malerischste Ort, an dem ich je gejoggt bin, jede Kurve bietet eine neue Perspektive auf die Stadt. Es fühlt sich an wie die europäische Version der Hollywood Hills.

WELCHES IST DAS CHARMAN-TESTE HOTEL DER STADT? ____

_____ Das **Hotel Brummell** (S. 106). Es liegt etwas abseits der ausgetretenen Pfade, aber dennoch in Laufnähe zu allen wichtigen Orten. Das Design und die Inneneinrichtung schaffen eine super entspannende Atmosphäre, in der man wunderbar abschalten kann. Springen Sie an einem heißen Tag auf jeden Fall kurz in den Pool auf dem Dach! Außerdem bietet das Haus Yogakurse an, und es gibt auch eine Sauna!

IN WELCHEN GESCHÄFTEN SHOPPEN SIE GERNE? _____

_____ Nachdem Sie sich bei **Rekons** mit Empanadas gestärkt haben, holen Sie sich nebenan bei **Free Time** (Carrer del Comte d'Urgell 32) ein Magazin. Die Auswahl an Zeitschriften zum Thema Mode und Kultur ist toll. Machen Sie danach einen Spaziergang über den Carrer del Parlament und schauen Sie beim **Trait Store** (S. 104) vorbei, um zu gucken, welche neuen Teile sie auf Lager haben. Und bevor Sie am Montag zur Arbeit zurückkehren, besorgen Sie sich schönes Briefpapier bei **Raima** (Carrer Comtal 27, *raimapapers.cat*) – außerordentlich feine Schreibwaren!

VERRATEN SIE UNS IHRE LIEBS-TEN VERSTECKTEN PLÄTZE?

_____ Wenn ich einen Besucher mit einer wenig überlaufenen Sehenswürdigkeit beeindrucken

möchte, führe ich ihn zur **Casa Vicens** (S. 80), einem Gaudí-Haus in Gràcia. Da es nicht so bekannt ist, kann man sich hier in Ruhe umsehen. Während des **Grec**-Festivals sollten Sie Tickets für das **Teatre Grec** (S. 106) am Montjuïc, ein griechisches Amphitheater im Freien, buchen. Es gibt nichts Schöneres, als dort in einer warmen Sommernacht ein Theaterstück zu erleben.

WAS SOLLTE MAN IN BARCE-LONA IMMER KAUFEN? _____

_____ Wenn Sie in der Weihnachtszeit hier sind, dann gucken Sie, ob Sie irgendwo **Caganers** finden, kleine Figuren mit heruntergelassenen Hosen, die üblicherweise in einer Krippe stehen. Sie sollen den Bauern Glück für eine gute Ernte im folgenden Jahr bringen.

WO ENTSPANNEN SIE AM BESTEN? _____

_____ Nach einem Rundgang durch die Fundació Joan Miró sollten Sie sich die Zeit nehmen, den Rest des Montjuïc mit seinen landschaftlich gestalteten Gärten und versteckten Wegen ganz in Ruhe zu erkunden. Es gibt auch den Olympiapark, wo Sie in den Sommermonaten für nur ein paar Euro in den Olympischen Schwimmbädern baden gehen können und dabei einen wundervollen Blick auf die Stadt genießen.

PARC DIAGONAL MAR

MOLL DE LA VELA

RONDA LITORAL

AV. DEL LITORAL

AVINGUDA DIAGONAL

CARRER DE LA SELVA DE MAR

CARRER DE FLUVIÀ

CARRER DE CARRER DE TÀNGER

CARRER DE PERE IV

CARRER DE RAMON TURRÓ

CARRER DE LLULL

PASSEIG DE CALVELL

RONDA LITORAL

CARRER DE BADAJOZ

AVINGUDA DIAGONAL

GRAN VIA DE LES CORTS CATALANES

AVINGUDA MERIDIANA

CARRER DE PUJADES

CARRER DEL DR. TRUETA

PASSEIG DE LLUÍS COMPANYS

CARRER DE LA MARINA

PARC DE LA CIUTADELLA

CARRER DE SARDENYA

AV. D'ICÀRIA

CARRER DE SALVADOR ESPRIU

RONDA LITORAL

RONDA LITORAL

PASSEIG DE JOAN BORBÓ

PASSEIG MARÍTIM DE LA BARCELONETA

RONDA LITORAL

7

BARCELONETA, POBLENOU & UFERPROMENADE

Barcelona gehörte im Mittelalter zu den bedeutendsten
Seemächten des Mittelmeeres und hat eine lange Seefahrer-
tradition, die Sie heute noch erkennen können: alte Werften,
in denen sich heute das Museu Maritim befindet, der Alte Hafen,
heute der Jachthafen, der Palau de Mar, früher ein Lagerhaus
für Getreide, heute das Museum der katalanischen Geschichte.
Als Barceloneta wird das ehemalige Fischerviertel der Stadt
bezeichnet, das Dreieck zwischen dem Port Vell, der Estación
de França und dem neuen Olympischen Hafen. An der palmen-
gesäumten Uferpromenade finden Sie die beliebten Xiringuitos,
lässige Strandbars, die zwischen April und Oktober geöffnet
haben. Und natürlich jede Menge leckere Fischrestaurants.
Radfahrer, Jogger und Spaziergänger bevölkern die Wege
am Meer entlang. Etwas nördlich liegt das moderne Viertel
Vila Olímpica, das Oolympische Dorf von 1992.

Starten Sie am ① **Port Vell,** dem ältesten Hafen der Stadt, am unteren Ende der Rambla, der im Zuge der Olympischen Spiele wiederhergerichtet wurde. Und zwar mit einem einmaligen Blick aufs Meer. Den hat man zum Beispiel von der Aussichtsplattform des ② **Mirador de Colom** (Plaça del Portal de la Pau), des Kolumbusdenkmals, das sich direkt neben dem neoklassizistischen Bau der Hafendirektion erhebt. Ein Aufzug katapultiert Sie in 60 Meter Höhe! Kurzer Abstecher über die Moll d'Espanya, die Holzbrücke, die von Albert Viaplana und Helio Piñón geschaffen wurde, zum Pier Moll d'Espanya ins Hafenbecken. Highlight für Kids: der Unterwasserzoo L'Aquarium (S. 10). Weiter über den Carrer de l'Ictíneo zum Cap de Barcelona, einer 15 Meter hohen Skulptur, die von Roy Lichtenstein für die Olympiade 1992 kreiert wurde. Über den Passeig Joan de Borbó gelangen Sie zur ③ **Talstation des Teleférico del Puerto,** der Seilbahn zum Montjuïc. Sie wurde ursprüngliche für die Weltausstellung 1929 gebaut, die Fahrt dauert etwa 10 Minuten. Noch ein kleines Stück weiter befindet sich das Hotel W, das wie ein gigantisches Segel im Wind wirkt. Radeln Sie jetzt in Richtung Osten auf dem Passeig Maritim de la Barceloneta. Sie passieren unter anderem die Skulptur ④ **L'Estel Ferit** (Der verwundete Stern) von Rebecca Horn. Kurze Kaffee- und Sandwichpause im kalifornisch angehauchten ⑤ **Surf House Barcelona** (Carrer de l'Almirall Aixada 22), dann weiter am Wasser entlang. Sie passieren die Fischskulptur Peix von Frank Gehry, kurz danach gelangen Sie zum Port Olímpic, dem olympischen Sport- und Jachthafen. Und dann an einen der Lieblingsplätze der Skater-Szene: den ⑥ **Skatepark Mar Bella.** Ein paar Meter weiter befindet sich der angesagte ⑦ **Mar Bella Beach,** ideal zum Chillen. Wer eine wirklich authentische Paella kosten möchte, sollte im ⑧ **Xiringuito Escribà** (Avenida del Litoral 62) seine Lunchpause einplanen. Alternative: kurzer Abstecher weg vom Wasser, links in den Carrer de Litoral abbiegen, dann wieder links in den Carrer de Taulat, dann rechts in den Carrer de Marià Aguiló. Kehren Sie bei ⑨ **La Pubilla del Taulat** (Nr. 131) ein, einer sehr traditionellen Tapasbar, die von zwei Brüdern geführt wird. Jetzt zurück ans Wasser radeln. Von hier aus in Richtung Nordosten erstrecken sich (künstlich aufgeschüttete) Sandstrände, ingesamt sind sie etwa vier Kilometer lang. Welche Beach Bars lohnen sich? Die Auswahl ist gewaltig ... Zum Beispiel die asiatisch angehauchte ⑩ **Bambú Beach Bar** (Ronda Litoral) für leckere Cocktails und gechillte Atmosphäre. Am Ende der Strände stoßen Sie auf den Platz ⑪ **Parc El Fòrum** mit seiner Fraternitat-Skulptur von Miquel Navarro, der den Menschen gewidmet ist, die während der Franco-Diktatur hingerichtet wurden.

Im Uhrzeigersinn: Einer der fancy Foodtrucks auf dem Palo Alto Festival. Design-Highlights gucken? Auf ins Museu del Disseny de Barcelona. Tour über den Hafen in luftiger Höhe. Entspannen am Strand: die Bambú Beach Bar. Ort mit Botschaft: Der Parc El Fòrum

ESSEN UND TRINKEN

FRÜHSTÜCK

⑫ Can Dendê
Ciutat de Granada 44
candende.com
Kleines Lokal mit südamerikanischen Einflüssen, das für seine Stimmung und seinen Brunch berühmt und für den äußerst leckeren Lunch beliebt ist. Neben verschiedenen belegten Bagels stehen süße und salzige Pancakes auf der Karte. Dazu gibt's die berühmten Bloody Marys oder hausgemachte Limonade.

⑬ Little Fern
Carrer de Pere IV 168
littleferncafe.com
Niedliches Eckcafé mit großen Fenstern und vielen Pflanzen. Besitzer Jay kommt aus Neuseeland und serviert Köstliches aus aller Welt. Von knusprigem Homemade Granola und der perfekten Bircher Bowl mit Apfel und Zimt über Kimchi Pancakes bis zum sättigenden Buttermilk Chicken Burger.

LUNCH

⑭ Doobop Barcelona
Carrer de Sadenya 48
doobopbcn.com
Hier dreht sich alles um die Cajun-Küche – hinter dem Herd steht der Argentinier Nico Circo, der früher im Hipster-Laden Federal kochte. Das Cajun Fried Chicken und die Chicken Tacos sind eine absolut köstliche Nummer-sicher-Wahl. Ebenso die vietnamesischen Shrimps. Und zum Nachtisch Pecan Pie mit Vanille-Eis ...

⑮ La Cova Fumada
Carrer de Baluard 56
lacovafumada.com
Familiengeführte Old-School-Tapasbar mit lebhafter Atmosphäre, die es seit 1944 gibt: sie wird heute von den Enkeln der ersten Inhaberin betrieben.Die aktuelle Tageskarte können die Gäste auf einer kreidebeschriebenen Tafel lesen. Berühmt ist das Lokal für seine »Bombas« – Kartoffelbällchen mit Füllung und Aioli. Achtung: Der Laden ist in der Regel ziemlich voll.

DINNER

⑯ Enoteca Paco Pérez
Hotel Arts, Carrer de la Marina
enotecapacoperez.com
Küchenchef Paco Pérez, dessen Restaurant mit zwei Michelin-Sternen ausgezeichnet ist, verwöhnt seine Gäste in der Enoteca mit kreativer mediterraner Küche auf höchstem Niveau, der Fokus liegt dabei auf Meeresfrüchten. Von der Terrasse des Restaurants aus hat man einen tollen Blick auf den Port Olímpic.

Nachbarschaftscafé mit neuseeländischer Küche: das Little Fern

Lust auf Cajun-Spezialitäten?
Tisch im Doobop reservieren

Himmlisch für Interior-Lover: der Laden Brutus de Gaper

EINKAUFEN

⟨20⟩ **Brutus de Gaper**
Carrer de Pamplona 60
brutusdegaper.com
Wer ein Faible für Design hat,
wird diesen Shop lieben.
Der Möbelladen hat sich auf
Midcentury-Produkte aus
Europa und Antiquitäten aus
den skandinavischen Ländern
spezialisiert. Außerdem ver-
kaufen die dänischen Besitzer
Niels Jansen und Ron van
Melick eine interessante Aus-
wahl an Art-Déco-Stücken.

⟨17⟩ **La Tavernicola**
Carrer de Roc Boronat 70
facebook.com/La Tavernicola
Sehr intimes und authenti-
sches argentinisches Lokal
mit gemütlicher Atmosphäre.
Die Karte ist klein und fein,
der Service außerordentlich
freundlich, und die Steaks sind
zum Dahinschmelzen ... Dazu
werden hervorragende Weine
serviert. Unbedingt Platz für
einen Nachtisch lassen.

DRINKS UND
AUSGEHEN

⟨18⟩ **La Deliciosa**
Passeig Maritim de la
Barceloneta
ladeliciosabeachbar.com

Strandbar an der Platja de Barceloneta, eingerichtet im coolen Shabbystyle. Der ideale Ort
für ein entspanntes Bier oder
einen ordentlich gemixten
Cocktail zum Sonnenuntergang
– auch die Preise sind recht
moderat. Der Frozen Margarita
ist sehr zu empfehlen!

⟨19⟩ **The Mint**
Passeig d'Isabel II 4
Sie lieben Mojitos? Dann sind
Sie hier an der richtigen
Adresse! Die Bar ist nämlich
nach einer der wichtigsten
Zutaten des Drinks benannt,
der Minze. Außerdem sind
hier über 20 Sorten Gin
im Angebot. Perfekt für einen
(oder mehrere) Absacker!
Tipp: die Live-Entertainment-
Abende mit Stand-up-Comedy
lohnen sich.

⟨21⟩ **Espai Joliu**
Carrer de Badajoz 95
Kleines Café und liebevoll
kuratierter Shop in einem. Im
vorderen Teil des Cafés
werden Kunstdrucke, Pflanzen
und Porzellan von lokalen
Künstlern verkauft. Dazu Coffe-
table-Bücher und Magazine.
Ein Ort, an dem man stundenlang verweilen kann ...

⟨22⟩ **Palo Market Fest**
Carrer dels Pellaires 30
paloaltomarket.com
Am ersten Wochenende im
Monat zieht es Flohmarktfans
zum Palo Market Fest (früher
Palo Alto Market) nach
Poblenou. Neben Ständen mit
Bio-Food und nachhaltigen
Lebensmitteln werden dort
Mode, Schmuck, Accessoires,
Kunsthandwerk und jede

Menge Bücher angeboten. In der Mitte des Marktes befindet sich eine Bühne, auf der ein DJ auflegt. Eintritt: 4,50 €.

KUNST UND KULTUR

23 Museu Can Framis

Carrer de Roc Boronat 116–126
fundaciovilacasas.com
Zeitgenössisches Museum in einer ehemaligen Textilfabrik, das katalanische Kunst ab den 1960er-Jahren ausstellt. Zu den Highlights gehören unter anderem Fotografien von Pedro Madueño, Gemälde von Victor Pérez-Porro und Werke des Malers Xevi Viralo.

24 Museu del Disseny de Barcelona

Plaça de les Glòries Catalanes 37
museudeldisseny.cat
Wer sich für Design interessiert, sollte dieses 2014 gegründete Museum nicht verpassen: 70 000 Objekte aus fünf Jahrhunderten eröffnen in einem futuristischen Gebäude einen beeindruckenden Blick auf die Designgeschichte Spaniens und Kataloniens. Von Grafiken über Keramik und Mode bis zu Kreationen von Picasso und Miró.

SCHLAFEN

25 Hostal Poblenou B & B

Carrer de Taulat 30
hostalpoblenou.com
Gelbes Stadthaus von 1930 mit nur sechs heimeligen Zimmern. Das kleine Anwesen wurde mit viel Liebe zum Detail renoviert. Hölzerne Fensterläden und ein idyllischer Innenhof, die Böden sind mit Mosaiken verziert und die Wände mit Werken von katalanischen Künstlern geschmückt – die sind auch gleich Namensgeber für die hellen Zimmer, einige sind sogar mit Balkon. Frühstück wird morgens auf der Terrasse angerichtet. Zur Hotelfamilie gehören auch die beiden Hauskatzen. Großes Plus: Der Strand ist nur fünf Minuten zu Fuß vom Hotel entfernt. Auch ideal für Alleinreisende. DZ ab ca. 70 €.

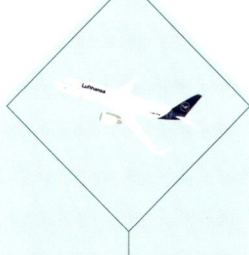

INSIDER-TIPP DER CREW

ICH LIEBE ES, AN MEINEN FREIEN TAGEN AN DER BARCELONETA SPAZIEREN ZU GEHEN ODER MIT DEN ROLLERBLADES DORT ENTLANGZUFAHREN.

Carlos Duarte
Flugbegleiter

Hell und freundlich eingerichtet: Zimmer im Hostal Poblenou B & B

VICTORIA GONZÁLEZ-GORDON LÓPEZ DE CARRIZOSA

Ihrer Familie gehört González Byass, eine der berühmtesten Wein-, Sherry- und Spirituosen-Bodegas der Welt. Victoria González-Gordon López de Carrizosa wurde in Jerez de la Frontera geboren, hier gründete 1835 ihr Ur-Ur-Großvater das Unternehmen. Es zeichnet sich durch eine Kollektion diverser Weingüter in Spaniens wichtigsten Weinregionen aus, unter anderem hat die Familie González hochwertige Sherrys und Brandys wie Tio Pepe Fino Sherry und den Lepanto Brandy de Jerez kreiert. Heute wird die Firma in der fünften Generation geführt und umfasst Marken und Weingüter wie Bodegas Beronia (Rioja und Rueda) und Cavas Vilarnau (Barcelona). Als internationale Marketingchefin von González Byass kennt sich Victoria in Geschmacksdingen natürlich bestens aus. »Ich liebe Barcelona nicht nur wegen der Verbindung zu unserem Cava Vilarnau, sondern wegen seiner Kultur, Lebendigkeit und Kreativität!«

WELCHES IST IHRE LIEBLINGSGEGEND? _____

____ Ich spaziere besonders gerne durch die Viertel, die nah am Meer liegen. Zum Beispiel durch das Barri Gòtic und durch El Born, den Paseo Marítimo und am Port Vell entlang. Es ist großartig, sich in den kleinen Straßen des Barri Gòtic zu verlaufen und plötzlich auf einer Hauptstraße zu landen, ohne zu wissen, wie man eigentlich dort hingekommen ist. Ich liebe die typischen Cafés und Restaurants auf diesen Straßen! Toll sind auch die Wein- und Cavabars, wo Sie köstliche Cavas wie unseren Vilarnau probieren können. Wann immer ich in dieser Gegend bin, besuche ich **Santa Maria del Mar** (S. 40), eine beeindruckende Kirche. Ich setze mich einfach nur hinein und betrachte ihre Schönheit.

WO FRÜHSTÜCKEN SIE GERNE? _____

____ Am liebsten in einer Bäckerei mit reichhaltigem Frühstück, einem guten Kaffee und natürlich »Pa amb tomàquet«, Brot mit Tomaten ...

IHRE LIEBLINGSPLÄTZE ZUM MITTAGESSEN? _____

____ Die Strandbars in Barceloneta. Ich esse dort meistens eine Paella und trinke dazu Vilarnau Cava. Die Paella schmeckt am Meer noch besser, und der Cava rundet den Geschmack perfekt ab.

WELCHE RESTAURANTS KÖNNEN SIE UNS FÜRS DINNER EMPFEHLEN? _____

____ Ich mag das **Angle** (Carrer d'Aragó 214, anglebarcelona.com) besonders gerne. Die Atmosphäre ist relaxt, das Essen ist auf hohem Niveau. Ich lasse mich immer vom Maître beraten, und heraus kommt dann meistens ein großartiges Dinner. Mit dem Angle können Sie nichts verkehrt machen!

Ich spaziere gerne durch die Viertel am Meer

WO SOLLTE MAN IN BARCELONA AUSSERDEM EINMAL GEGESSEN HABEN? _____

____ Im **El Nacional** (Passeig de Gràcia 24 Bis, elnacionalbcn.com). Es serviert eine große Auswahl an original katalanischer Küche, die Stimmung ist relaxt, und außerdem befindet es sich in einem atemberaubenden historischen Gebäude.

IHRE BEVORZUGTE TAPASBAR? _____

____ Keine Frage: **Quimet & Quimet** (S. 103).

WELCHE BAR EMPFEHLEN SIE FÜR EINEN ORDENTLICHEN DRINK? _____

____ Die **Solange Cocktails & Luxury Spirits** (Carrer d'Aribau 143, solangecocktail.com) ist mein absoluter Favorit in der Stadt!

WELCHE ORTE SOLLTE MAN UNBEDINGT BESUCHEN, UM DIE KUNSTWELT ZU ERLEBEN?

Hotspot am Abend: Solange Cocktails & Luxury Spirits

—— **MACBA** (S. 93), nicht nur wegen der großartigen Ausstellungen, die Sie dort bewundern können, sondern auch wegen der Architektur und der Umgebung.

WELCHE SEHENSWÜRDIG-KEITEN SIND EIN MUSS? ——
—— Definitiv der **Parc Güell** (S. 72). Sie müssen unbedingt ein paar Stunden inmitten der Natur mit ihren unbeschreiblichen Gebäuden und der Landschaftsgestaltung verbringen. Gaudí hat das alles geschaffen. Setzen Sie sich auf eine Parkbank, die Gaudí mit seinen Trencadis-Mosaiken versehen hat, beobachten Sie die Leute, während die Zeit an Ihnen vorüberzieht – das ist echter Luxus! Diese Art von Mosaiken, die Modernisten wie Gaudí erschaffen haben, haben uns übrigens auch beim Design unseres Vilarnau Cava inspiriert!

WELCHES HOTEL KÖNNEN SIE UNS EMPFEHLEN? ——
—— Ich wohne besonders gerne in den Hotels **Vincci Mae** (Avinguda Diagonal 596, *vincci mae.com*) und **Vincci Gala** (Ronda de Sant Pere 32, *vincci gala.com*) – beide sind exzellent gelegen, ideal für einen Bummel durch die Stadt.

WO SHOPPEN SIE GERNE? ——
—— Sie sollten einfach ganz gemütlich durch das Viertel

Ausflugsziel: das Kloster Montserrat

El Born spazieren, an jeder Ecke finden Sie kleine Läden, die meistens von lokalen Künstlern oder Designern betrieben werden und tolle Mode oder andere hübsche Dinge vertreiben – ich wünschte, ich könnte dort alles kaufen!

Die Solange Cocktails & Luxury Spirits ist mein absoluter Favorit

VERRATEN SIE UNS EINE VERSTECKTE OASE, DIE MAN ALS TOURIST NUR SCHWER FINDET? ——
—— Das fällt mir die **Plaça de Sant Felip Neri** im Barri Gòtic ein. Ich bin irgendwann einmal per Zufall auf sie gestoßen.

WAS SOLLTE MAN IMMER KAUFEN, WENN MAN NACH BARCELONA KOMMT? ——
—— Cava. Die Auswahl und die Qualität, die Sie hier bekommen, ist wirklich unglaublich!

WO IN BARCELONA KANN MAN BESONDERS GUT ENTSPANNEN? ——
—— Am besten außerhalb der Stadt, Sie sollten nach **Montserrat** fahren. Ja, es ist touristisch, aber die Berge und das Kloster wirken wirklich sehr beruhigend.

WOHIN FAHREN SIE, WENN SIE DER HEKTIK DER STADT ENTFLIEHEN WOLLEN? ——
—— Nach **El Penedès**, in die Dörfer und auf die Weingüter. Dort kaufe ich Cava und Catanias, eine süße Spezialität aus Vilafranca del Penedès.

Ein perfekter Urlaubstag:
erst Erholung am Strand,
dann süßes Nichtstun
im Innenhof des
Hostals Poblenou

Boutiquehotel mit Herz und Stil:
die Casa Bonay in Eixample

CALLWEY
SEIT 1884

© 2020
Callwey GmbH

Streitfeldstraße 35
81673 München
buch@callwey.de
Tel.: +49 89 436 00 50
www.callwey.de

Wir sehen uns auf Instagram:
www.instagram.com/callwey

ISBN 978-3-7667-2464-9
1. Auflage 2020

Die Deutsche Nationalbibliothek verzeichnet diese
Publikation in der Deutschen Nationalbiblio-
grafie; detaillierte bibliografische Daten sind im
Internet über <http://dnb.d-nb.de> abrufbar.

DIE AUTORIN

Marianne von Waldenfels ist Journalistin
und Autorin und lebt in München. Als ehemalige stellvertretende Chefredakteurin des
Magazins *Instyle* kennt sie sich in den angesagten Städten der Welt hervorragend aus und
verrät uns ihre liebsten Plätze, Restaurants und
vieles mehr. Bereits erschienen sind die City
Guides London, New York, Rom, Wien und
Paris.

HINTER DEN KULISSEN

Unser Tipp, wenn Sie nach ein paar Tagen in der
Stadt Lust auf ein tolles Strandhotel ganz in der
Nähe haben: das Little Beach House (*littlebeach
housebarcelona.com*) im Örtchen Garraf direkt
am Meer. Das kleine Schmuckstück kombiniert
schicken Retro-Style mit katalanischen Einflüssen:
Fliesenböden, üppige Kissen und Wandteppiche,
viel Grün. Unser Lieblingsplatz: die Terrasse mit
Mega-Blick übers Mittelmeer. Ach ja, es gehört
zur angesagten Soho House Gruppe.

Dieses Buch wurde in
CALLWEY-QUALITÄT für Sie hergestellt:

Beim Inhaltspapier haben wir uns für ein
LuxoArt Samt in 150 g/m² entschieden – ein matt
gestrichenes Volumen-Bilder-Druckpapier. Die
gestrichene, mattierte Oberfläche gibt dem Inhalt
den gewünschten Charakter. Die Hardcover-Ge-
staltung besteht aus bedrucktem Bilderdruck-
apier und wurde mit einer partiellen UV Lackie-
rung veredelt. Dieses Buch wurde in Deutschland
gedruckt und gebunden bei optimal media
GmbH in Röbel/Müritz.

Viel Freude mit diesem Buch wünschen Ihnen:

Projektleitung:
Ann-Christin Fürbaß
Lektorat:
Karin Heimberger
Grafische Gestaltung:
Schmid/Widmaier,
Design und Kommunikation
Herstellung:
Dominique Scherzer
Korrektorat:
Andreas Leinweber
Bildredaktion:
Karina Sindt
Kartographie:
Daniela Petrini
Illustrationen:
Mateja Kovac